Intriga en la campaña electoral

Robert Mandelberg

Ilustraciones de Martin Jarrie

ONIRO

Título original: *The Case of the Curious Campaign*
Publicado en inglés por Sterling Publishing Co., Inc.

Traducción de Albert Solé

Diseño de cubierta: Valerio Viano

Distribución exclusiva:
Ediciones Paidós Ibérica, S.A.
Mariano Cubí 92 – 08021 Barcelona – España
Editorial Paidós, S.A.I.C.F.
Defensa 599 – 1065 Buenos Aires – Argentina
Editorial Paidós Mexicana, S.A.
Rubén Darío 118, col. Moderna – 03510 México D.F. – México

© Sterling Publishing Co., Inc.
Este libro fue publicado por mediación de Ute Körner Literary
Agent, S.L., Barcelona – www.uklitag.com

© 2006 exclusivo de todas las ediciones en lengua española:
Ediciones Oniro, S.A.
Muntaner 261, 3.º 2.ª – 08021 Barcelona – España
(oniro@edicionesoniro.com – www.edicionesoniro.com)

ISBN: 84-9754-207-X
Depósito legal: B-860-2006

Impreso en Hurope, S.L.
Lima, 3 bis – 08030 Barcelona

Impreso en España – *Printed in Spain*

A mi esposa, Jan-Nika, modista de ventanas, cantante de romemu, poseedora de una gran dulzura y experta en resolver los minimisterios de la vida.

Mi más altiva gratitud a Nancy Sherman, esa dama tan peripuesta, por un meñique de manicura impecable elegantemente alzado hacia el cielo.

Índice

Martes

Antecedentes

Las letras cuidadosamente dispuestas sobre la puerta de cristal anunciaban que ibas a entrar en la «Agencia de Detectives La Averiguadora». Dentro había una lujosa área de recepción con cuatro cómodos sillones de cuero, un sofá a juego, una gran cantidad de accesorios que tenían aspecto de haber costado mucho dinero, y un reluciente escritorio de caoba. Detrás del escritorio estaba sentada la encargada del despacho y recepcionista a jornada parcial, Annie Body. Con su larga melena pelirroja y su sonrisa llena de magnetismo, Annie nada tenía que envidiar a su escritorio. Detrás de ella había colgado un gran cuadro del presidente de la Agencia de Detectives La Averiguadora, el señor Avery Body. Annie era su hija.

El caballero alto y de aspecto distinguido que entró en la Agencia de Detectives La Averiguadora aquella soleada mañana de martes era el señor Hugh Ever, el popular y apuesto alcalde de Wellington, quien se presentaba al cargo por segunda vez en lo que se adivinaba iban a ser unas elecciones bastante disputadas. Una generosa aplicación de fijador se encargaba de que su impecable cabellera, que ya había empezado a encanecer, no se moviera del sitio. Hoy no estaba de muy buen humor, y tenía una buena razón para ello.

Aún faltaba una semana para la jornada electoral y los dos candidatos iban muy igualados en las encuestas. De hecho, el alcalde había empezado a temer que perdería las elecciones. Fue hacia Annie para explicarle que necesitaba hablar inmediatamente con Avery. Pero ni siquiera lo desesperado de sus actuales circunstancias bastó para impedir que flirteara con la vivaz recepcionista.

—Hoy estás radiante, Annie —le dijo—. Después de que gane las elecciones, quizá podríamos hablar de buscarte un puesto en mi organización.

Annie hizo como si no lo hubiera oído mientras sonreía y pulsaba un botón en el intercomunicador.

—Papá, el alcalde Ever quiere verte.

Un instante después, Avery irrumpió en el área de recepción y saludó efusivamente al alcalde al tiempo que le estrechaba la mano. A sus orondos cincuenta años, Avery tenía un rostro jovial, una nariz bastante pronunciada y unas mejillas agradablemente sonrosadas. El poco pelo que le quedaba formaba un semicírculo canoso alrededor de los lados de su cabeza.

—¡Bueno, bueno, bueno! ¡Pero si es nuestro estimadísimo alcalde! ¿Qué te trae...?

Hugh Ever lo interrumpió a mitad de la frase mientras lo miraba con algo parecido al terror.

—Avery, tenemos que hablar.

Avery lo vio tan nervioso que se apresuró a llevarlo a su magníficamente amueblado despacho. Hugh Ever cruzó el umbral y empezó a ir arriba y abajo.

—Avery, me temo que estoy metido en un buen lío. No sé a quién recurrir.

—Un poco de calma, Hugh. Siéntate y ya verás como enseguida damos con la solución —le dijo Avery en su tono más tranquilizador—. Hace mucho tiempo que nos conocemos, ¿verdad?

Hemos pasado por momentos bastante difíciles, y siempre hemos conseguido salir del apuro.

Hugh tomó asiento ante él y se inclinó hacia adelante.

—Sé lo que estás intentando hacer, Avery. Y te lo agradezco. Pero lo de esta vez es distinto. Creo que todo está perdido. Ahora me tiene en sus manos, que es justo donde quería tenerme.

Avery no entendía nada.

—¿Quién te tiene en sus manos? ¿De qué me estás hablando?

—De Quentin. ¡Te estoy hablando nada menos que de Quentin Milestone! —Hugh prácticamente gritaba—. Al parecer ha conseguido hacerse con cierta información comprometedora referente a mi pasado, y la hará pública si no retiro mi candidatura.

Quentin Milestone era el propietario de la barbería Don Gato y el único otro candidato a la alcaldía. Ya se había enfrentado sin éxito a Hugh Ever en las dos elecciones anteriores, y había jurado públicamente que esta vez haría lo que fuese con tal de salir vencedor.

Avery abrió el humidificador de plata que tenía encima del escritorio y sacó un par de puros. Encendió uno y le ofreció el otro a su amigo. Hugh declinó la invitación.

—¿Por qué estás tan preocupado? —le preguntó Avery mientras daba las primeras caladas—. Estoy seguro de que sólo es un farol por parte de Milestone. No debes dejar que te afecte por lo que él diga. Tú eres un ciudadano intachable, siempre has sido honrado y tu pasado no puede estar más limpio. No tienes nada que ocultar, ¿verdad?

Hugh guardó silencio.

—¿Verdad, Hugh? —repitió Avery. El silencio se prolongó—. ¿¿¿Hugh???

—Si quieres que sea sincero, Avery, no sé de qué clase de información dispone Milestone. He contactado con todas mis fuentes e informadores, pero no he podido sacar nada en claro. Mi mayor temor es que algo horrible salga publicado en los periódicos, y entonces perderé la carrera por la alcaldía. Necesito tu ayuda. —Hugh Ever estaba claramente exasperado.

—Ya sabes que puedes contar conmigo, amigo mío. Mi agencia de detectives se encuentra a tu disposición. —Avery siempre había hecho campaña a favor de su amigo Hugh, y se contaba entre sus más fervientes partidarios. Pulsó el botón del intercomunicador—. Annie, ¿me harías el favor de llamar a Noah y Sam y decirles que vengan aquí inmediatamente?

Noah y Sam eran sus hijos y trabajaban como detectives en la agencia. Sam, que tenía veinticinco años, fue el primero en llegar. Robusto, de ojos azul turquesa y pelo castaño, Sam era un gran investigador dotado de un don especial para resolver misterios y descubrir secretos. Hugh Ever siempre lo había apreciado mucho y había hablado con él en varias ocasiones acerca de una posible carrera política.

Noah llegó un minuto después. Dos años mayor que su hermano, en muchos aspectos era el reverso de Sam. Allí donde Sam era encantador, apuesto y ético, Noah era feúcho, arrogante y sarcástico, y además tenía la reputación de ser taimado e implacable. Cuando la Agencia de Detectives La Averiguadora tenía que hacer frente a algún tipo de trabajo sucio, siempre le correspondía a Noah encargarse de ello.

Molly la soplona

Avery cerró la puerta y llamó a Annie por el intercomunicador.

—Annie, querida, no me pases ninguna llamada.

Hugh se aflojó la corbata y pasó a exponer detalladamente a los tres detectives su actual problema con Quentin. Avery, Sam y Noah echaron mano de sus cuadernos de notas y escribieron a toda velocidad. Después Avery le preguntó a Hugh cómo se había enterado de que Quentin disponía de información comprometedora sobre él.

Hugh Ever se levantó y reanudó sus nerviosas idas y venidas por el despacho.

—Bueno, desde que vencí a Quentin por un margen de votos tan escaso en las últimas elecciones hace cuatro años, decidí que la próxima vez no podría permitirme el lujo de correr ningún riesgo. Así que hice un trato con una de sus empleadas para que me suministrara información.

—¡Ésa sí que es una jugada de lo más sucia! —exclamó Noah—. ¡Estoy impresionado! ¡Qué idea tan soberbia!

—Molly Peltin, una estilista capilar que trabaja en la barbería de Quentin, me contó que ayer por la tarde estaba atendiendo a un cliente cuando oyó susurrar algo a Quentin al fondo de la sala.

—¿Qué estaba diciendo? —inquirió Sam.

Hugh volvió a sentarse.

—Molly Peltin me dijo que Quentin estaba hablando por teléfono de las elecciones con un reportero de algún periódico. Le oyó decir que disponía de cierta información comprometedora sobre mí que le haría ganar la carrera a la alcaldía.

—Esto parece bastante serio, Hugh —dijo Avery—. ¿Pudo averiguar algo más?

—No —replicó Hugh—. Molly me dijo que no tuvo tiempo para enterarse de nada más. Terminó de secarle el pelo al cliente y se preparó para atender a la próxima cita, así que ya no pudo averiguar más detalles.

Los tres detectives se miraron en silencio. Luego Avery dijo:

—Oye, Hugh, ¿a qué clase de acuerdo llegaste con Molly? ¿Le pagas por horas o según la información que te proporciona?

—Le pago por cualquier cosa que consiga sacar a la luz. ¿Qué importancia puede tener eso? —preguntó el alcalde.

Noah sonrió y dijo:

—Me parece que debería pedirle a esa tal Molly que le devuelva el dinero, alcalde. Lo han timado.

¿Qué quería decir Noah con eso?

solución

—Disculpe, alcalde Ever —dijo Sam—, pero acaba de decirnos que Molly oyó como Quentin le susurraba algo por teléfono a un reportero.

—Sí. Eso fue lo que me dijo ella. Quentin hablaba en susurros —replicó Hugh.

Noah fue hacia el alcalde y dijo:

—Bueno, pues en ese caso me pregunto si podría explicarnos cómo se las arregló Molly para oír lo que susurraba Quentin mientras ella le estaba secando el pelo a un cliente.

El alcalde Ever se quedó atónito.

—Pero ¿por qué iba Molly a...?

Noah habló antes de que el alcalde pudiera llegar a completar la frase.

—Por el dinero, alcalde Ever. Ahí tiene el porqué. Usted mismo ha dicho que Molly sólo cobra cuando le proporciona alguna información.

Avery fue hacia Hugh y le palmeó la espalda.

—Ha sido una falsa alarma, mi querido amigo. Se diría que Quentin no tiene nada contra ti después de todo.

Sé lo que hiciste

Hugh mantuvo su expresión sombría.

—No es tan sencillo. Verás, Molly no es la única razón por la que creo que Quentin cuenta con algo que puede hacerme mucho daño. —Metió la mano en el bolsillo y sacó un sobre—. Lee esto.

Avery tomó el sobre de las manos temblorosas de Hugh. Vio que iba dirigido al alcalde Ever y que carecía de remite. Llevaba matasellos del día anterior. Sacó una hoja de papel, la desdobló y pasó a leer el contenido en voz alta:

¡Hugh Ever, eres un sinvergüenza y nunca has tenido principios! ¡Sé lo que hiciste! ¡Tu secreto ha salido a la luz! ¡Si no retiras tu candidatura inmediatamente, me chivaré a los periódicos! ¿Me has oído? ¡Sí, me chivaré! ¡Sé lo que hiciste! ¡Lo contaré todo! Espera, me llaman por teléfono. Ya estoy de vuelta. ¡Canalla, más que canalla! ¡Acabaré contigo! ¡Sé lo que hiciste! ¡Date por vencido!

Sinceramente,

Sin firma.

Posdata. ¡Sé lo que hiciste!

—¿Lo ves? ¡Sabe lo que hice! —gritó Hugh con voz aterrorizada.

—¿Qué hizo usted? —preguntó Sam.

—¡No lo sé! ¡Pero él lo sabe! ¿Has visto la posdata? ¿Qué voy a hacer? ¡Se va a chivar! —chilló Hugh. Se tiró de las orejas, se retorció las manos y se echó a llorar como un bebé.

—Lo primero que tienes que hacer es calmarte un poco —dijo Avery en un intento de tranquilizar a su amigo—. La persona que ha escrito esta carta no parece saber nada acerca de ti o de lo que se supone que hiciste. Aquí sólo hay un montón de vagas amenazas y acusaciones que no se basan en nada. Yo no les prestaría ninguna atención.

El alcalde respiró profundamente unas cuantas veces en un intento de recuperar la compostura.

—Espero que tengas razón, Avery. Las encuestas dan unos resultados tan igualados que el menor incidente podría decidir la votación en un sentido o en otro. —Avery tomó la carta y la guardó en un cajón por si tenía que volver a examinarla en el futuro—. Cuando recibí esta carta la semana pasada, primero pensé que sólo se trataba de una broma pesada. Pero después de que Molly me contara la conversación que Quentin mantuvo con un reportero, empecé a temer que una cosa podía estar relacionada con la otra.

—Bueno, como ya te he dicho —replicó Avery—, estoy seguro de que no es nada. Pero sólo para no correr riesgos, mis chicos se encargarán de investigarlo.

—Gracias, Avery. No tienes ni idea de lo mucho que esto significa para mí —dijo Hugh al tiempo que se levantaba y le estrechaba la mano. Luego se despidió de los tres detectives y salió del despacho.

Avery, Sam y Noah se sentaron alrededor del escritorio de Avery.

—¿Cuál es el plan? —le preguntó Sam a su padre.

—Lo primero que vamos a hacer —respondió Avery— es averiguar por qué nos miente mi amigo.

Sam y Noah se miraron.

—¡¿Miente?! —dijeron al unísono.

¿Por qué pensaba Avery que Hugh estaba mintiendo?

solución

—¿Crees que miente? ¿Cómo puedes decir tal cosa? —preguntó Sam, que estaba muy confuso—. El alcalde Ever nunca nos mentiría.

Avery miró a su hijo y dijo:

—Yo tampoco quiero creerlo, Sam, pero así es. ¿Recuerdas que nos dijo que la carta le llegó la semana pasada?

—Sí, y también dijo que al principio pensó que sólo era una broma pesada.

—Lo pensó, cierto. Eso no lo pongo en duda. Pero yo he visto el sobre y el matasellos era de ayer, 25 de octubre. ¿Cómo puede haber recibido la carta la semana pasada si el Departamento de Correos le puso la fecha de ayer?

—¡Caramba con nuestro político! —exclamó Noah con indignación—. Ya veo que sabe mentir tan bien como el que más, ¿eh? Bueno, cuanto más lo conozco, mejor me cae.

Sam se apresuró a defender las acciones de Hugh Ever.

—Pienso que si el alcalde Ever nos ha mentido, tiene que ser porque lo está pasando muy mal y necesita nuestra ayuda.

—Estoy de acuerdo contigo, Sam —dijo su padre—, y vamos a hacer todo lo que podamos para ayudarlo.

El reportero entrometido

—Buenos días, Chollie —dijo el hombre cuando entró en la Agencia de Detectives La Averiguadora. Flaco, de aspecto macilento y próximo a cumplir los treinta, llevaba sombrero hongo y un cuaderno de notas asomaba del bolsillo de su camisa—. ¿Está tu jefe? Tengo que hablar con él ahora mismo, Chollie.

—El señor Body está reunido y no se lo puede molestar —le dijo Annie con una sonrisa—. Y no me llamo Chollie, señor. Me llamo Annie.

La alegre amabilidad de Annie no pareció surtir ningún efecto sobre el hombre.

—Claro, claro. Pues escúchame bien, Chollie: tengo que ver a tu jefe para hablarle de un asunto muy urgente. Así que haz el favor de pulsar ese botoncito de tu intercomunicador y decirle que tiene una visita.

—Si quiere puede usted esperar, señor, pero ahora no puedo molestarlo —fue la réplica de Annie.

—Detesto esperar —dijo el hombre—. Mi migraña no soporta que la hagan esperar y enseguida se pone nerviosa. —Metió la mano en el bolsillo y sacó de él una pastillita roja—. Dime, Chollie, ¿esta pastilla es verde?

Annie se inclinó sobre ella para inspeccionarla.

—No, es roja.

—Uf, Chollie, la cosa ha ido por los pelos —dijo el hombre—. Casi confundo mi pastilla para el dolor de cabeza con mi pastilla para dormir. ¡Me habría quedado roque en un abrir y cerrar de ojos! Verás, soy daltónico y no puedo distinguir ciertos colores. Supongo que hoy me he llevado la pastilla que no debía.

—No sabe cómo lo siento —simpatizó Annie.

—Sí, Chollie, qué se le va a hacer. Verás, soy reportero y si no me dejas hablar con tu jefe lo más pronto posible, le daré tal repaso a esta agencia que dentro de una semana estaréis todos en la calle. No querrás tener ese peso sobre tu conciencia, ¿verdad?

Annie pensó que lo mejor sería dejar que fuese su padre quien decidiese si quería ver a aquel reportero. Avery todavía estaba hablando con sus hijos y planeando una estrategia para el alcalde Ever cuando oyeron zumbar el intercomunicador. La voz de Annie llenó el despacho.

—Papá, tengo aquí en recepción a un reportero muy pesado. Le he dicho que estabas reunido, pero insiste en hablar contigo.

Un instante después la puerta se abrió y el reportero irrumpió en el despacho.

—¿Qué haces aquí? —preguntó Sam sin tratar de ocultar su disgusto—. ¿Cómo te atreves a poner los pies en esta oficina?

Sam estaba dirigiendo sus observaciones a Bob Crook, uno de los reporteros del *The Daily Sentinel*. Tres semanas antes, Sam y Bob casi habían llegado a las manos durante la investigación de un caso de secuestro en el que la víctima había sido Nicole Stewart, la hija del gobernador Keith Stewart. Bob Crook había fingido trabar amistad con Sam, y lo engañó para que revelara ciertos detalles acerca del caso. Sam estaba a punto de echarle el guante al secuestrador cuando Bob Crook imprimió toda la historia en la primera página de su periódico. El secuestrador logró huir y Nicole no había vuelto a ser vista desde entonces. Hasta ese momento, el gobernador había hecho campaña activamente por Quentin Milestone. Después del secuestro, dejó de prestarle apoyo.

Agencia de Detectives La Averiguadora

—Vengo por asuntos de negocios, Chollie —replicó el reportero.

Sam se levantó del asiento y se encaró con Bob. Avery insertó su enorme masa entre los dos hombres para interponer un poco de distancia entre ellos. Luego se volvió hacia el reportero.

—¿Cuál es el asunto que tiene que tratar con nosotros, señor Crook?

Bob Crook señaló una silla, pero nadie lo invitó a tomar asiento. Decidió que hablaría de pie.

—Seré breve, Chollies. Llevo toda la mañana siguiendo al alcalde y he visto como salía de su agencia. Me gustaría saber si ha contratado sus servicios para algo.

Sus palabras ardieron en los oídos de Sam.

—¡Maldito bribón! ¿Por qué tienes que seguir al alcalde Ever? Tienes suerte de que no te...

Avery levantó la mano para hacer callar a su enfurecido hijo.

—Tranquilo, Chollie —prosiguió Bob Crook—. Sólo hago mi trabajo, ¿de acuerdo? Las elecciones se celebrarán dentro de una semana y se supone que he de averiguar todo lo que pueda acerca de los candidatos. Ya he descubierto bastantes cosas sobre el alcalde.

—¿Como cuáles? —inquirió Noah.

—Bueno, para empezar —dijo Bob Crook—, el alcalde Ever retiró cien mil dólares de su cuenta corriente y le ha hecho un pago muy especial a Carrie Renz, que está al frente de la junta electoral.

Los tres detectives se quedaron atónitos.

—Esto sí que es preocupante. ¿Cómo se ha enterado usted? —quiso saber Avery.

Percibiendo su interés, Bob Crook se tomó la libertad de sentarse a pesar de que no se le había invitado a hacerlo.

—Mi primo, el pequeño Frankie, vino a Wellington hará un par de días para pedirme que intentara conseguirle un empleo en el periódico —dijo—. Entonces fue cuando descubrí que mi primo tiene madera de reportero. Me dijo que antes de venir a hablar conmigo, había pasado por el banco para sacar un poco de dinero e invitarme a almorzar. El pequeño Frankie me contó que había tenido que hacer cola detrás del alcalde Ever y oyó cómo le pedía al cajero que le diera 100.000 dólares en billetes pequeños.

»Ayer por la mañana seguí al alcalde hasta un almacén abandonado en las afueras de la ciudad. Allí se encontró con Carrie Renz y le dio un paquete. Aunque estoy seguro de que vi al alcalde y a la señora Renz, había aparcado demasiado lejos para que pudiese oír lo que decían. Y sabiendo que el alcalde acababa de retirar todo ese dinero de su cuenta, di por sentado que se lo estaba dando a la persona que se encarga de supervisar el desarrollo de las elecciones. —Hizo una pausa y entrelazó las manos detrás de la cabeza con una mueca de satisfacción—. Bueno, detectives, ¿qué tal estuvo eso como trabajo de investigación?

Los detectives no pudieron contener la risa. Finalmente Sam logró recuperar el aliento y farfulló:

—Más vale que no deje su otro empleo.

¿Qué era lo que no encajaba en la historia de Bob Crook?

—¿Qué se supone que intenta decirme con eso? —preguntó Bob Crook.

—¿Cómo, es que ni siquiera sabe en qué día estamos? —le preguntó Noah a su vez—. Bueno, vamos a ver si puedo echarle una mano. Usted mismo acaba de decir que falta exactamente una semana para las elecciones, y dado que las elecciones siempre se celebran en martes, hoy tiene que ser martes.

—Sí —dijo Bob Crook—. ¿Y qué?

—Nos ha dicho que el pequeño Frankie estuvo en la ciudad hace dos días —intervino Sam—. Oiga, ¿su primo suele ir al banco los domingos cuando tienen cerrado? No sé qué opinará usted, pero yo prefiero esperar a que el banco esté abierto para efectuar mis retiradas de fondos.

El joven reportero no supo qué cara poner.

—No entiendo cómo pude dejar que el pequeño Frankie me colara esa bola. De acuerdo, admito que puedo haberme equivocado en lo del dinero, pero sé lo que vi. El alcalde Ever le entregó un paquete a Carrie Renz.

—Eso merece ser investigado, desde luego —proclamó Avery—. Bueno, le agradecemos que haya venido a vernos, señor Crook. Me parece que ya sabe dónde está la salida.

Bob Crook se levantó y salió del despacho de Avery. Pero no antes de que se le hubiera caído el cuaderno de notas. Cuando se inclinó para recuperarlo, su mano se deslizó debajo de la silla por un instante. Avery reparó en ello, pero en aquel momento no le dio mayor importancia.

En cuanto el reportero se hubo marchado, los tres Body trazaron su plan. Repasaron todas las pistas y Avery releyó en voz alta la carta de Hugh. Luego decidieron que iniciarían la investigación el día siguiente. Sam y Noah intentarían sonsacarle todo lo que pudieran a Carrie Renz en las oficinas de la junta electoral, en tanto que Avery iría a ver a Quentin Milestone para averiguar si éste disponía información comprometedora sobre el alcalde Ever. Los tres detectives acordaron que se encontrarían a las doce del mediodía en el restaurante Sophie's Diner para analizar lo que hubieran descubierto.

Miércoles

La supervisora y el señor Pock

A la mañana siguiente, Sam y Noah fueron en coche a Borough Hall para hablar con Carrie Renz, que se encargaba de supervisar todo el proceso electoral. Querían descubrir si había tenido una cita secreta con el alcalde en un almacén abandonado, tal como había asegurado el reportero.

Entraron en las oficinas de la junta electoral para ver a un funcionario bajito y regordete, que tendría unos treinta y cinco años, de pie tras un mostrador. La placa que había ante él indicaba que era el señor Pock. Bastaba con verlo para saber que Pock odiaba su trabajo. Mantenía los ojos medio entornados, hablaba muy despacio y bostezaba cada treinta segundos. Hablar con aquel hombre durante más de tres minutos bastaba para que a uno le estallara el cerebro de puro aburrimiento.

Un caballero de edad bastante avanzada había cometido el error de solicitar su ayuda y se estaba aproximando rápidamente al límite de la explosión cerebral.

—Lo siento mucho, señor Spinn —dijo el señor Pock—. Esto no es la agencia tributaria (bostezo). Tiene que ir al final del pasi-

21

llo y girar a la derecha. —Sólo había pronunciado 23 palabras, pero tardó un minuto y medio en decirlas. El señor Spinn se volvió muy despacio y se fue.

Noah y Sam fueron hacia el funcionario sonriendo cortésmente. Noah tomó a su cargo la gestión diciendo:

—Buenos días. Soy Noah Body, y éste es mi hermano Sam. Nos gustaría hablar con la señora Renz, si tiene usted la bondad.

El señor Pock recurrió a todas sus escasas reservas de energía y pulsó el botón del intercomunicador.

—Señora Renz, tengo aquí a unos caballeros que querrían verla.

—¿Unos caballeros que quieren verme? —fue la respuesta que salió del intercomunicador—. ¿Cómo se llaman esos caballeros?

—Noah y Sam, Body y Body —replicó el señor Pock.

—¿Quién? —preguntó la señora Renz, que ya empezaba a sonar un poco irritada.

—Noah y Sam, Body y Body —respondió el señor Pock con penosa lentitud—. Si les he entendido bien, claro.

—¿A cuánta gente tiene usted ahí, señor Pock? —gritó la señora Renz.

—Esto no nos llevará a ninguna parte —intervino Sam—. Mire, ya le he dicho que yo soy Sam Body y éste es mi hermano Noah. Haga el favor de decirle a la señora Renz que quiero verla.

El señor Pock hizo lo que se le pedía. Pulsó el botón del intercomunicador y dijo:

—Tengo aquí a dos personas y una de ellas dice que quiere verla.

—¿Cuál de esas dos personas quiere verme? ¡Pock, me pone usted de los nervios! —ladró la señora Renz—. ¿Quién diablos quiere verme?

—Uno de los Body y Body, creo —dijo el señor Pock.

—¡Olvídelo, idiota! ¡Ahora mismo voy para allá! —Unos instantes después, Carrie Renz salió de su despacho con paso rápido y decidido.

—Buenos días, señora Renz —dijo Sam con una gran sonrisa—. Gracias por dedicarme unos minutos de su precioso tiempo.

Carrie Renz llevaba el pelo ceñido en un moño tan apretado que le tensaba los ojos hacia los lados. Por lo demás era una cuarentona bastante atractiva, pero tenía muy mal genio. Había desarrollado la reputación propia de una divorciada que no está dispuesta a consentir que le vengan con tonterías.

—¿De qué se trata, caballeros? Siempre ando bastante escasa de tiempo —replicó secamente.

Noah sabía cómo había que tratar a esa clase de personas.

—Bueno, en ese caso permita que no me ande con rodeos —dijo—. Sabemos que usted y el alcalde Ever tuvieron un encuentro clandestino el lunes. Esperábamos que pudiera contarnos algunas cosas acerca de eso.

—No sé de qué me está hablando. ¿Por qué diablos iba yo a querer reunirme con el alcalde Ever? —respondió la señora Renz.

—Oh, vamos, señora Renz —dijo Noah con una sonrisa sarcástica—. Tratar de esconderlo no le servirá de nada. Disponemos de un testigo ocular que la vio hablar con Hugh Ever. También tenemos entendido que él le entregó un paquete.

—Deje de decir tonterías —gruñó la señora Renz—. Yo nunca haría algo semejante. He de supervisar todo el proceso electoral, y el alcalde Ever se presenta a la reelección. Tendría que haber perdido el juicio para reunirme con un candidato en un almacén. Y encuentro particularmente insultante que se atreva a decirme que acepté un soborno.

Entonces el señor Pock interrumpió la conversación. Inhaló profundamente, como si quisiera soltar en una sola frase todo lo que necesitaba decir sin tener que volver a tomar aire. En realidad lo hizo porque no quería ni pensar en que quizá tendría que armarse de valor y repetir la inhalación. Luego bostezó y dijo:

—Señora Renz, tiene usted una llamada. Es una emergencia. Parece ser que al señor Spinn le acaba de estallar la cabeza en el pasillo.

—¡No, otra cabeza no! —Carrie Renz se volvió hacia los detectives y dijo—: Siento tener que poner fin a esta conversación, jóvenes, pero he de atender esa llamada. Lamento no poder serles de ninguna ayuda.

—No se preocupe, señora Renz —dijo Sam—. No se imagina usted hasta qué punto nos ha ayudado.

Muy satisfechos, Noah y Sam dieron media vuelta y se fueron.

¿Qué era lo que estaba dando a entender Sam?

solución

Los dos jóvenes detectives salieron al pasillo y estuvieron hablando.

—No recuerdo que le dijeras a la señora Renz que el encuentro había tenido lugar en un almacén —dijo Sam—. ¿Mencionaste eso?

—No —replicó Noah—. Ella nos ofreció ese pequeño dato por voluntad propia.

Sam sonrió.

—¡Tal como me parecía! Ahora al menos sabemos que el reportero estaba diciendo la verdad. El alcalde Ever y la supervisora tuvieron un encuentro secreto.

Noah y Sam salieron triunfantes de Borough Hall. Nada más llegar a la calle, repararon en una hermosa joven que estaba intentando cambiar una de las ruedas de su coche. Los dos muchachos fueron hacia ella para ofrecerle su ayuda.

misterio 5

Quentin Milestone

Mientras Sam y Noah estaban haciendo su parte del trabajo en Borough Hall aquella mañana de miércoles, Avery se dispuso a descubrir cuál era la información sobre el alcalde Hugh Ever de la que disponía Quentin Milestone. Eran aproximadamente las diez y cuarto cuando aparcó su gran Cadillac blanco delante de la barbería Don Gato y sacó su corpachón del vehículo. Saludó con un hola a una joven madre que paseaba a sus gemelos en un cochecito de bebés. Silbando «Fuga para trompetas», una de las melodías más pegadizas de la película *Ellos y ellas*, entró alegremente en la barbería.

Allí fue recibido inmediatamente por Molly Peltin.

—Buenos días, señor Body. No he visto su nombre en el libro de citas. ¿Viene a que le hagamos un corte de pelo?

—Sí, Molly, me dejé llevar por un impulso momentáneo. Ya sé que no queda mucho con lo que trabajar —respondió Avery con una sonrisa—, pero se me ha ocurrido que tal vez debería llevarlo un poco más corto. ¿Por dónde anda Quentin?

—Ha ido a su despacho, señor Body. Le avisaré de que está usted aquí.

Molly fue rápidamente hacia la parte de atrás mientras Avery le echaba una mirada al establecimiento. Un instante después, Quentin Milestone salió del despacho con el rostro dispuesto en una sonrisa que no podía ser más transparente. El dueño de la barbería era un caballero de aspecto bastante insólito, con una cabeza desproporcionadamente grande para su cuerpo. Tenía el pelo castaño y la frente muy larga, y lucía un delantal de barbero. Quentin Milestone, que tenía 52 años, saludó a Avery con voz jovial.

—¡Bueno, hoooooola, Avery, mi querido amigo!

¿Querido amigo? ¡Vaya, eso sí que tenía gracia! Avery y Quentin Milestone crecieron siendo vecinos. Tenían muchas cosas en común, incluido el hecho de que ambos eran hijos únicos. En el instituto, siempre estaban compitiendo el uno con el otro, disputándose las mejores notas, los mejores amigos e incluso las mejores chicas con las que salir. Quentin siempre parecía quedar el primero. Poco después de que se graduaran, su prolongada rivalidad pasó a convertirse en algo más serio cuando ambos terminaron saliendo con la misma mujer, Roberta Rose. Después de lo que pareció una eternidad, Roberta finalmente optó por uno de sus dos pretendientes y decidió casarse con Avery. Quentin nunca logró superar aquella terrible humillación, que probablemente fuese la razón por la que había permanecido soltero. Los dos hombres habían aprendido a mostrarse corteses el uno con el otro, pero las viejas heridas nunca habían llegado a curar del todo. Incluso después de que Roberta falleciera unos años después, las relaciones entre ambos siguieron siendo bastante frías.

Quentin Milestone apretó un poco más de lo debido cuando los dos antiguos rivales se estrecharon la mano.

—No me digas que has venido a que te hagamos un corte de pelo —dijo después—. ¡Creía que esos días ya habían quedado muy atrás para ti!

Avery rió suavemente y replicó:

—Bueno, en realidad había pensado hacerme una permanente. —Avery era un hombre muy jovial y tenía un gran sentido del humor. Sabía apreciar una buena broma, incluso si era a sus expensas.

Los dos antiguos rivales compartieron una risa bastante forzada mientras Quentin llevaba a Avery hacia el último sillón de la fila. Avery enseguida puso manos a la obra.

—Según las encuestas, la carrera por la alcaldía anda muy igualada.

—Sí. La cosa está muy emocionante, ¿verdad? —respondió

Quentin al tiempo que lo observaba con suspicacia—. Tu querido amigo Hugh Ever me venció en las dos últimas elecciones, pero tengo el presentimiento de que esta vez no ocurrirá así.

—Pareces estar muy seguro de ti mismo —observó Avery—. ¿Sabes algo que yo ignoro?

Entonces su conversación fue interrumpida por el estruendo de un coche con bastantes años a cuestas cuyo tubo de escape no funcionaba como era debido. Los ruidos que emanaban del automóvil eran tan ensordecedores que casi parecían provenir del interior de la barbería. Un hombre joven salió por el lado del conductor y entró en el establecimiento sin haber apagado el motor.

Avery lo reconoció apenas entró. Era nada menos que Bob Crook, el reportero de *The Daily Sentinel*, y llevaba un gran sobre bajo el brazo. Crook pasó junto a Molly Peltin con un arrogante «¿Cómo va todo, Chollie?», y entró en el salón. Un olor áspero y penetrante pareció seguir a Bob Crook mientras se aproximaba.

—Hola otra vez, Chollie. Extraña coincidencia verlo aquí esta mañana —le dijo a Avery.

—Yo estaba pensando lo mismo. Buenos días, señor Crook —respondió Avery.

—Bueno, Chollie —le dijo Bob Crook a Quentin con una sonrisita—. Tengo algo que creo le parecerá muy interesante. —Le tendió el sobre que llevaba—. Está dentro de este sobre gris.

—Este sobre es azul —lo corrigió Quentin.

—Lo que sea, Chollie. Gris, azul, ¿qué diferencia hay? Usted mire dentro del sobre —replicó Bob Crook en un tono bastante seco.

—¿Qué es? —inquirió Quentin—. ¡Huele que apesta!

—Desde luego que sí —dijo el reportero—. Lo encontré junto a la acera entre la basura de su barbería.

—Cielos, cielos —exclamó Avery con incredulidad—. Nunca permita que nadie lo acuse de ser demasiado íntegro, señor Crook.

—Gracias por decírmelo, Chollie —replicó Bob Crook, tomándose la pulla de Avery por un cumplido.

Quentin Milestone abrió el sobre y sacó su contenido. El color huyó de su rostro cuando vio una fotografía tamaño ocho por diez que había sido rota en pedazos para luego ser recompuesta minuciosamente con cinta adhesiva. La foto mostraba a Quentin Milestone sosteniendo la mano de una mujer que aparentaba no tener mucho más de veinte años.

—Encontré esta instantánea rota en un millón de pedacitos. He tardado toda la noche en recomponerla. ¿Qué pasa, Chollie ¿Es que se le ha comido la lengua el gato? —bromeó Bob Crook.

Quentin realmente se había quedado sin habla.

—Bueno, no, yo sólo... sólo... sólo...

—Sólo, sólo, sólo. ¿Sólo qué? —se mofó el reportero—. Esto no le dejará en muy buen lugar cuando aparezca en la primera página de *The Daily Sentinel* justo antes de las grandes elecciones, ¿verdad?

Quentin estuvo reflexionando unos momentos, recuperó la compostura y dijo:

—Pues si quiere que le diga la verdad, me parece que le iría de perlas a mi campaña. ¿Podría publicarlo mañana?

Bob Crook estaba atónito.

—¿Es que ha perdido el juicio, Chollie? ¡Liarse con una chica que no tiene ni la mitad de su edad! ¿Qué cree que le hará este escándalo a su preciosa campaña? ¡Dejarla hecha puré, eso es lo que le hará! ¡Quedará eliminado de la carrera!

Quentin se echó a reír.

—Oh, no creo que una foto mía en la que le sostengo la mano a mi sobrina sea muy escandalosa.

Una vez más, el reportero no supo cómo reaccionar.

—¿Eh? ¿Su sobrina?

—¡Sí, naturalmente! Y he buscado esa foto por todas partes. Tiene que haber sido destruida por accidente. Gracias.

El joven reportero estaba acongojado.

—¿Su sobrina? Oh, no. Noto que me va a venir otra migraña. —Bob Crook metió la mano en el bolsillo en busca de una pastilla para el dolor de cabeza, farfulló una torpe despedida, y salió de la barbería. El estrépito de su carromato motorizado no se disipó hasta que estuvo bien lejos de la acera.

—¡Imagínatelo! —rió Quentin—. Ese idiota estaba convencido de que tenía algo que me dejaría fuera de combate.

Avery se levantó del sillón y se quitó el guardapolvo.

—Bueno, Quentin. Puede que hayas engañado al reportero, pero no creas que yo me lo he tragado. ¿Cuánto te debo por el corte de pelo?

¿Por qué no creía Avery la historia de Quentin?

solución

Avery salió de la barbería y subió a su Cadillac para ir al restaurante en el que había quedado con Noah y Sam. Soltó una risita mientras repasaba mentalmente la conversación que acababa de mantener con Quentin Milestone. Su sobrina, pensó. Quentin no tenía hermanos o hermanas y nunca se había casado. ¿Cómo diablos podía tener una sobrina? Avery sabía que Quentin había mentido acerca de aquella joven y estaba impaciente por compartir esa información con Noah y Sam.

misterio 6

Sophie's Diner

Wellington era una población pequeña que reunía una serie de peculiaridades bastante insólitas. Uno de los aspectos más raros de vivir en aquella parte del extrarradio era su situación, que la situaba justo en el límite de dos zonas horarias. La mitad este de Wellington quedaba dentro de la zona horaria este (ZHE), y la mitad oeste estaba situada dentro de la zona horaria central (ZHC). El restaurante Sophie's Diner se hallaba ubicado en el centro exacto de Wellington, y servía como punto divisorio entre las dos zonas horarias.

Sophie Turkus, la propietaria del establecimiento, siempre había sabido sacar mucho partido de esa peculiaridad. Aunque tenía abierto desde las seis de la mañana hasta las diez de la noche, abriría y cerraría según cual fuese la zona horaria que más le conviniese aquel día. Si se sentía un poco cansada, cerraba de acuerdo con la ZHE, dado que eso le permitía cerrar una hora más pronto. Muchas veces, clientes sorprendidos que no habían acabado de entender toda la complejidad del cambio de zona horaria tenían que abandonar el establecimiento a mitad de la cena.

Avery entró en el parking del Sophie's exactamente a las doce del mediodía (ZHC, por cierto). Era la hora a la que había acordado reunirse con sus hijos para hablar de cómo les habían ido las cosas. Entró en el restaurante y saludó a Sophie con una afable sonrisa.

—¿Cuánto va a ser hoy, Avery? —preguntó Sophie, mirándolo con indiferencia. El cambio de zona horaria no era la única peculiaridad que distinguía la forma en que Sophie llevaba su negocio. Siempre insistía en saber de antemano qué cantidad de propina iba a dar el cliente, para así poder saber qué clase de servicio debía proporcionarle.

—Lo habitual —replicó Avery.

La expresión de indiferencia de Sophie fue reemplazada por la decepción mientras conducía a Avery hasta el fondo del establecimiento y lo sentaba en el peor reservado, que daba al parking. Avery le caía bien, pero todos sabían que era bastante tacaño.

Avery pidió una taza de café y esperó pacientemente a que llegaran sus hijos. Pasados quince minutos, decidió pedir una segunda taza mientras pensaba que a esas alturas ya deberían estar allí.

Tres tazas de café después, Avery miró su reloj y vio que sus hijos llevaban 45 minutos de retraso. Entonces oyó un chirriar de neumáticos y levantó la cabeza para ver cómo el Corvette de Noah doblaba una esquina a bastante velocidad y entraba en el parking.

Vio cómo Noah se levantaba del asiento del conductor y se sacaba un trozo de papel del bolsillo. Mientras Avery lo observaba, Sam rodeó el coche y le quitó el papel de la mano. Noah lo recuperó y los dos jóvenes procedieron a mantener una acalorada discusión enfrente del restaurante. Pasados unos segundos, Avery golpeó el cristal con los nudillos para atraer su atención. Noah se apresuró a guardarse el papel en el bolsillo mientras entraba en el establecimiento, seguido por su hermano.

Ambos tomaron asiento en el reservado enfrente de Avery.

—Sentimos llegar tarde —dijo Noah con expresión culpable.

—¿Qué os ha entretenido tanto, chicos? —inquirió Avery—. Habíamos quedado a las doce, hora central.

Noah puso cara de confusión.

—¿Hora central? ¡Habría jurado que dijiste que seguiríamos la hora del este! En fin, de todas maneras hemos venido directamente hacia aquí en cuanto acabamos de hablar con Carrie Renz.

—Ya veo —dijo Avery. Entonces reparó en que Sam tenía las manos muy sucias, cubiertas por alguna clase de grasa. Sam se hizo con un menú y dejó una mancha de grasa en él—. ¿Y qué era ese trozo de papel que ha motivado tal discusión entre vosotros?

—¿Papel? ¿Qué trozo de papel? —replicó Noah, tratando de quitar importancia al comentario con una alegre carcajada. Sam clavó la mirada en el menú porque no se sentía capaz de mirar a su padre a los ojos.

—Déjate de excusas —ordenó Avery.

Noah se dio por vencido.

—No es nada. Sólo un... sólo un recibo de unas cuantas cosas que compré en el supermercado.

Avery sacudió la cabeza y lo miró con desaprobación.

—Me decepcionas, Noah. Te creía capaz de inventarte una historia mejor que ésa. Sam, supón que me cuentas qué es eso que mis hijos intentan ocultarme.

¿Cómo había sabido Avery que sus hijos le ocultaban algo?

—¿Qué quieres decir con eso de que intentamos ocultarte algo? ¿Piensas que estoy mintiendo? —preguntó Noah con indignación.

—Por supuesto que estás mintiendo —replicó Avery—. En primer lugar, si realmente pensaras que habíamos quedado una hora más tarde, no te habrías disculpado por llegar con retraso, dado que entonces habríais llegado con quince minutos de adelanto sobre la hora acordada.

—Yo... yo sólo quería...

—En segundo lugar —prosiguió Avery, impasible—, si realmente creyeras que se suponía que debíamos vernos a las doce del mediodía, hora del este, entonces habrías llegado aquí con una hora de antelación y no una hora después. Y en tercer lugar, ¿cuándo fue la última vez que alguno de vosotros compró algo en el supermercado?

La damisela en apuros

Los dos jóvenes lo miraron en silencio.

—Tienes razón —admitió Sam finalmente—. Era una mentira. Sabíamos a qué hora se suponía que debíamos vernos, pero nos distrajimos.

—Me lo imaginaba —suspiró Avery—. Ya hablaremos de eso más tarde, pero primero contadme qué sucedió en Borough Hall.

Los hijos de Avery enseguida se animaron mientras le contaban a su padre cómo habían engañado a Carrie Renz, la supervisora del proceso electoral, para que les confirmara que había estado con el alcalde Hugh Ever en un almacén abandonado. Luego Avery les contó su encuentro con Quentin, lo de la foto encontrada en la basura de la barbería y cómo Quentin intentaba ocultar una aventura secreta con una mujer que tenía la mitad de su edad.

Finalmente, los tres detectives pidieron el almuerzo y discutieron cuál iba a ser su próximo paso. El servicio fue extremadamente lento, por supuesto, dado que los tres Body se hallaban sentados en la sección «propinas ridículas» del establecimiento. Mientras esperaban a que les trajesen lo que habían pedido, hablaron de la estrategia que iban a seguir.

—Tendremos que investigar un poco más todo este asunto —dijo Avery—. Os sugiero otra visita a la señora Renz, sólo que esta vez sed un poco más persuasivos.

Dijo esto mirando a su hijo mayor, ya que Noah siempre era el que se encargaba de presionar al máximo cuando había necesidad de hacerlo. Los dos jóvenes enseguida se mostraron de acuerdo con el plan.

Sam puso la mano en la mesa y dejó una mancha de grasa. Luego se hizo con una servilleta y cubrió de grasa el aro de metal que había servido para sujetarla. Se quitó la chaqueta, y al hacerlo la dejó llena de manchas de grasa. Todo lo que tocaba enseguida quedaba ensuciado por sus manos llenas de grasa. Avery sugirió que fuera a lavárselas antes de que echara a perder todo lo demás.

Cuando su hijo volvió del servicio de caballeros habiéndose aseado, Avery pasó a ocuparse de otros asuntos.

—Ahora que cada uno ha hecho lo que se esperaba que hiciese, me gustaría saber qué os ha entretenido durante tanto rato —preguntó con curiosidad.

—Bueno, cuando salimos de Borough Hall vimos a una mujer en apuros. Estaba en el parking e intentaba cambiar una rueda. Nos dijo que acababa de bajar del avión y no conocía a nadie en la ciudad. Había alquilado un coche en el aeropuerto, e iba conduciendo cuando de pronto oyó una especie de chasquido en uno de los neumáticos. Así que entró en el parking e intentó cambiar la rueda. Noah y yo nos ofrecimos a ayudarla.

—Si la oferta de ayuda provino de los dos, ¿por qué tú llevabas las manos tan sucias mientras que las de Noah estaban limpias? —preguntó Avery.

—Bueno, ambos nos ofrecimos a ayudar, pero al final yo fui el único que realmente le echó una mano —dijo Sam—. Noah estaba demasiado ocupado intentando conseguir su número de teléfono.

—¿Lo consiguió? —preguntó Avery.

—Sí. Cuando hube terminado de cambiarle la rueda, levanté la cabeza y vi cómo se sacaba del bolsillo un trocito de papel y escribía algo en él. Yo hice todo el trabajo, y Noah se hizo con el número de teléfono —dijo Sam con expresión abatida—. Y lo peor de todo —añadió— es que vi que el neumático ni siquiera estaba pinchado. Tanto trabajo para nada...

—Perfecto —dijo Noah—. ¿Tan interesado estás en su número? Aquí lo tienes. —Noah se sacó del bolsillo un trozo de papel y lo arrojó sobre la mesa. Avery lo tomó y lo examinó. Lo único que había en él era un número de teléfono.

Sam le quitó el papel de entre los dedos y se lo guardó en el bolsillo.

—Es lo justo, ¿no? —dijo—. A fin de cuentas, yo hice todo el trabajo y me merezco su número de teléfono.

Avery rió.

—Bueno, Sam, puede que te lo merezcas, pero me parece que ella no responderá a tu llamada.

¿Por qué pensaba eso Avery?

solución

—¿Por qué? —preguntó Sam—. ¿Quieres decir que piensas que ella le dio un número de teléfono falso a Noah? ¡Lo sabía!

—Oh, pues entonces ya sabes más que yo —dijo Avery—. Pero lo que sí sé es que si éste fuese el mismo trozo de papel que intentabas quitarle a tu hermano en el parking, entonces ahora estaría lleno de manchas de grasa. Pero en este papel sólo hay un número de teléfono.

El montaje

Sam miró a Noah acusadoramente.

—Bien, hermano, así que me has dado el cambiazo. Pásame el auténtico papel.

Noah metió la mano en el bolsillo y sacó otro trozo de papel, que puso sobre la mesa.

—Odio tener a un detective por padre —dijo—. Pero para que conste en acta, diré que yo ya estaba haciendo grandes progresos con ella para sacarle el número sin necesidad de que tú cambiaras la rueda. Cuando le conté cómo habíamos engañado a Carrie Renz, se mostró muy impresionada.

—¿Qué? —chilló Avery—. ¿Por qué demonios tuviste que contarle eso?

—Bueno, parecía estar tan interesada en las elecciones y en el hecho de que yo supiera tantas cosas acerca de ellas... Le dije que estábamos trabajando para el alcalde y que el martes iba a ganar.

Mientras Avery se ponía rojo, Noah percibió el disgusto de su padre.

—Pero creo que la convencí de que el alcalde Ever es el mejor candidato. Y eso es bueno, porque mientras se alejaba en su coche vi que llevaba una pegatina de «Vota por Quentin Milestone» en el parachoques.

—Algún día pagarás muy caro haberte ido de la lengua, jovencito —dijo Avery con voz tensa—. La información que sacamos a la luz es alto secreto. ¿Cuántas veces tendré que decírtelo?

Avery tomó el papel y lo examinó. Parecía ser una página manchada de grasa que había sido arrancada de un pequeño bloc. En el centro había un número de teléfono escrito con tinta azul y, justo debajo, en una letra distinta, estaba escrito «Felicia» a lápiz.

—¿Por qué su número está escrito con tinta mientras que su nombre está escrito con lápiz? —preguntó Avery.

—Me dijo cómo se llamaba, pero lo olvidé —respondió Noah—. Me escribió su número de teléfono con un bolígrafo, pero no puso su nombre. Por suerte vi que en la matrícula del coche ponía «Felicia», así que lo anoté con mi lápiz para que no se me volviera a olvidar.

—Bueno, no cabe duda de que os ha tomado bien el pelo —gruñó Avery—. Esperemos que este pequeño episodio no le cueste las elecciones a nuestro amigo.

¿Por qué sospechaba Avery de Felicia?

solución

—¿Qué? —observó Noah—. ¿Por qué debería importarle al alcalde que esa mujer nos diera un número de teléfono falso?

—Eso no era lo único que había de falso en ella —replicó Avery.

—¿Quieres decir...? —preguntó Noah.

Avery y Sam lo contemplaron en silencio durante unos segundos hasta que Sam le dijo a su hermano:

—¿Quieres decir... qué?

—No lo sé —respondió Noah—. Lo he dicho con la esperanza de que así parecería como si supiese de qué estaba hablando.

La expresión de Avery se volvió sombría.

—Es obvio que la tal Felicia os tendió una trampa para sonsacaros información, muchachos.

—¡¿Qué?! —exclamaron los hermanos simultáneamente.

—¿Desde cuándo los coches alquilados llevan pegatinas de propaganda electoral? —preguntó Avery—. Y si eso no hizo que un par de genios de la ciencia detectivesca como vosotros empezaran a sospechar, esa matrícula personalizada sin duda debería haberlo hecho. Noah, estoy muy decepcionado contigo.

—He metido la pata —farfulló Noah mientras echaba mano de su móvil para marcar el número escrito en el papel.

A la tercera llamada, respondió una voz masculina: «Agencia Inmobiliaria Karsh. ¿En qué puedo ayudarlo?»—. Un número falso, por supuesto —suspiró Noah—. Ah, mira que puedo llegar a ser idiota...

El silencio de los otros dos dio a entender que estaban completamente de acuerdo con él.

—Hay algo más —dijo Noah—. Antes de que ella se fuera sucedió algo bastante peculiar.

—¿Qué? —preguntó Avery.

—Nos estábamos despidiendo cuando un cartero vino hacia nosotros y le dijo a Felicia: «Disculpe, pero ¿es usted forense?». Ella puso cara de sentirse un poco incómoda, pero asintió. Entonces el cartero dijo: «Ya me lo había parecido». Luego le entregó un paquete, Felicia firmó el acuse de recibo y el cartero se fue.

—Hum. No sé qué pensar —dijo Avery—. Bueno, ahora almorcemos y ya pensaremos en ello más tarde.

Unos cuarenta y cinco minutos después, les trajeron lo que habían pedido. Los tres detectives comieron en silencio.

Jueves

La secretaria

La tarde del jueves, un alcalde Hugh Ever con cara de susto entró en la Agencia de Detectives La Averiguadora acompañado por su secretaria Lori-Beth Sugarman. Lori-Beth era una rubia muy atractiva y tremendamente aficionada a mascar chicle que llevaba seis meses trabajando para el alcalde. Annie siempre se refería a ella como «la típica rubia tonta». Pero Lori-Beth compensaba sobradamente con su aspecto lo que le faltaba en inteligencia. Larga melena rubia, grandes ojos azules, una figura de modelo: sin duda ésas eran las cualificaciones profesionales que habían inducido a Hugh a contratarla.

El alcalde no tenía muy buen aspecto, algo a lo que contribuía bastante el hecho de que fuera acompañado por aquella encarnación de la juventud y la buena salud. Ever estaba pálido y temblaba visiblemente.

—Buenos días, alcalde Ever, Lori-Beth —les dijo Annie con una sonrisa cuando los vio entrar en el área de recepción.

Lori-Beth hizo caso omiso del saludo.

—Sí (masticar, masticar), oye, Anna...

—Annie —la interrumpió Annie.

—Sí, lo que sea —prosiguió Lori-Beth sin dejar de mascar a toda velocidad—. Anna, el alcalde necesita hablar con Avery. Ve a su despacho y asegúrate de que nos recibe, ¿quieres?

Annie puso los ojos en blanco y pulsó el botón de su intercomunicador.

—Papá, el alcalde Ever y su, esto, secretaria quieren verte. —Annie se volvió hacia Lori-Beth—. Tienen suerte de haberlo pillado aquí. Hoy se irá más temprano de lo habitual.

Unos segundos después, Avery entró en el área de recepción.

—Buenos días, Hugh. Buenos días, Lori-Beth. —Vio que Hugh estaba más blanco que una sábana—. ¡Cielo santo, Hugh! Tienes muy mala cara. ¿Qué ha pasado?

Hugh Ever se encontraba tan conmocionado que lo único que pudo hacer fue señalar el despacho de Avery mientras Lori-Beth masticaba con gran vigor una tableta de chicle. Avery tomó del brazo a su amigo y lo llevó a su despacho, dejando a Lori-Beth y su chicle con Annie. Los dos caballeros tomaron asiento, y Avery le preguntó a su amigo qué había ocurrido.

—Esta mañana mi secretaria me entregó esta carta después de que hubiera llegado el correo. Dijo que eran muy malas noticias, y no bromeaba. Quedé tan afectado que hice que me trajera hasta aquí en su coche. —Le tendió la carta a Avery, quien la sacó del sobre y empezó a leer.

¡Hugh Ever, eres un sinvergüenza y nunca has tenido principios! Te dije que te retirases de la carrera, pero ¿me has hecho caso? ¡¡No!! ¿Es que no lo entiendes? ¡¡¡SÉ LO QUE HICISTE!!! ¡Ésta es tu última oportunidad! Te estoy vigilando, canalla. Cuando gires a la derecha, yo estaré allí. Cuando gires a la izquierda, yo estaré allí. Y cuando finjas que vas a girar a la derecha y gires a la izquierda, yo estaré allí, aunque puede que un paso o dos por detrás. ¡Retira tu candidatura ahora mismo o me chivaré! Espera, me ha entrado un picor. Ya estoy de vuelta. ¡¡¡No habrá más advertencias!!!

Sinceramente,

Sin firma.

Posdata. ¡Que tengas un buen día!

Cuando hubo terminado de leer la carta, Avery la dejó en el escritorio y miró al alcalde.

—Hugh, ya sabes que soy tu amigo —dijo—. Sea cual sea el lío en el que te has metido, yo puedo ayudarte. Pero tienes que ser honesto conmigo. Esta carta no tiene ni pies ni cabeza, como tampoco los tenía la que me enseñaste el martes. Sé que esa carta era un fraude porque el matasellos dejaba claro que la habían echado al correo el día anterior a aquel en que me la enseñaste, y sin embargo dijiste que hacía una semana que la tenías. Así que sé que estas cartas no son más que una extraña mentira.

—No, no, Avery, no lo entiendes —dijo Hugh.

—¿Qué es lo que no entiendo? No estás siendo sincero, Hugh —respondió Avery—. ¿Cómo podías haber tenido la carta durante una semana cuando llevaba el matasellos del día anterior?

—Tienes razón, Avery. No debería haberte mentido. Esa primera carta la escribí yo.

—¿Cómo, Hugh? ¿Tú? ¿Que tú escribiste esa carta? Pero ¿por qué?

—Avery, mi querido amigo, esto es tan difícil de explicar... Verás, hace tres meses empecé a salir con una mujer muy especial.

40

Nuestra relación progresó muy deprisa, pero yo tenía que guardar un secreto.

—¿Por qué? —inquirió Avery, perplejo.

—Te ruego que no me juzgues, Avery. La mujer con la que estoy saliendo es Carrie Renz, la supervisora electoral. Verás, como me presento a la alcaldía, la gente podría hacerse una idea equivocada si nos vieran juntos cuando falta tan poco para que se celebren las elecciones.

—Ah, sí —dijo Avery—. Eso parecería un poco sospechoso.

Hugh parecía haberse calmado un poco.

—Así que siempre nos encontrábamos en lugares donde sabíamos que nadie nos vería —prosiguió—. El lunes era el cumpleaños de Carrie, y quedé con ella en un almacén abandonado fuera de la ciudad. Tuve la extraña sensación de que alguien me estaba siguiendo. Me preocupaba que pudiera ser Quentin Milestone o uno de sus espías.

—Esto empieza a tener sentido —dijo Avery—. Pero ¿por qué escribiste esa carta?

Hugh Ever apartó la mirada del rostro de su amigo y dijo:

—Avery, necesitaba saber si Quentin Milestone estaba al corriente de mi pequeña aventura con Carrie. Me sentía incapaz de decirte que estaba saliendo con ella, así que escribí la carta para hacer que investigaras la situación. Estoy avergonzado, y lo siento, mi querido amigo.

Hugh estaba muy afectado y lo miró como pidiendo disculpas.

—Vamos, vamos —dijo Avery—. Lo entiendo. La verdad es que te estaban siguiendo.

Hugh saltó de su asiento.

—¡Lo sabía!

—Quentin no tuvo nada que ver con eso, Hugh. Fue el reportero de *The Daily Sentinel*, Bob Crook. Vio cómo le entregabas un paquete a Carrie Renz.

—¡Sí, era su regalo de cumpleaños! —dijo Hugh.

Avery sonrió y dijo:

—Ahora todo tiene sentido. Pero hay una cosa que sigo sin entender. ¿Por qué demonios escribiste la segunda carta?

El alcalde Ever se inclinó sobre el escritorio. El color volvió a esfumarse de su rostro y le tembló la voz cuando dijo:

—Eso es lo que me tiene tan preocupado. ¡Yo no escribí la segunda carta!

Los dos hombres se miraron durante unos instantes sin decir nada hasta que Avery rompió el silencio.

—¿Cómo es posible? —preguntó.

—Cuando abrí el sobre y leí la carta, poco faltó para que me desmayara —respondió Hugh Ever—. Se parece tanto a la carta que escribí yo que la persona que la haya escrito tenía que estar al corriente de su existencia. Y las únicas personas a las que les he hablado de ella sois tú, Noah y Sam.

—Admito que estoy tan perplejo como tú —dijo Avery, frunciendo el entrecejo y frotándose la barbilla—. No sé quién ha escrito esta segunda carta, pero sé a quién le podemos preguntar.

¿A quién se estaba refiriendo Avery?

solución

Hugh volvía a estar al borde del pánico.

—¿A quién? ¿A quién le podemos preguntar acerca de la carta, Avery?

—Hugh, ¿cómo pudo saber tu secretaria que la carta traía malas noticias si te la dio cuando el sobre todavía estaba cerrado?

Los dos se quedaron callados y luego corrieron hacia la puerta. Intentaron pasar por ella a la vez, pero con lo que abultaba Avery, eso era imposible. Atascados en la puerta, ambos empezaron a debatirse en un frenético intento de salir de allí. Hugh Ever y Avery Body, uno tan alto y el otro tan entrado en carnes, parecían un gigantesco número 10. Finalmente irrumpieron en el área de recepción para encontrar a Annie sola, trabajando al ordenador.

—¿Adónde se ha ido? —inquirió Hugh.

Annie levantó la vista de la pantalla del ordenador.

—¿Quién, Lori-Beth? La llamaron al móvil y se fue corriendo.

—¿Dijo adónde iba? —preguntó Avery.

—¿Bromeas? —resopló Annie—. Ni siquiera se molestó en decir adiós.

—Esto es importante, Annie —dijo Avery—. Cuéntame todo lo que pasó mientras estábamos en mi despacho.

—Bueno —dijo Annie—, intenté darle un poco de conversación, pero ella no parecía tener ganas de hablar. Entonces sonó su móvil. La oí decir algo que no acabé de entender del todo, aunque me pareció que explicaba que para eso de las cuatro todo debería haber quedado aclarado. Luego cortó la comunicación y salió pitando.

Hugh tomó su sombrero y fue hacia la puerta.

—Iré a mi despacho a esperar. Puede que Lori-Beth regrese más tarde.

Avery llamó a Noah al móvil para decirle que no se le ocurriese volver a Borough Hall. Ahora que sabía que Hugh Ever y Carrie Renz se veían en el almacén, no quería que sus hijos volvieran a interrogar a la supervisora sin necesidad. Por desgracia, Noah no respondió a su llamada. Avery se puso la chaqueta y el sombrero y salió del despacho. Un minuto después, subió a su coche para ir a Borough Hall.

El regreso del señor Pock

La tarde de ese viernes, Noah y Sam entraron en Borough Hall decididos a someter a la señora Renz a un auténtico tercer grado sobre el tipo de relación que mantenía con el alcalde Hugh Ever. Nada más entrar, vieron al señor Pock detrás del mostrador. Pock estaba hablando con un caballero alto y delgado que lucía sombrero hongo y llevaba una bolsa de tela. Cuando Noah y Sam oyeron su voz, enseguida supieron quién era. Era Bob Crook, el reportero de *The Daily Sentinel*. Noah dio un paso hacia él, pero Sam lo detuvo con un gesto de la mano. Decidieron permanecer donde estaban y limitarse a escuchar la conversación entre el señor Pock y Bob Crook.

Aparentemente el reportero estaba intentando persuadir al señor Pock de que hiciera algo, porque le oyeron decir:

—Oiga, ya sé lo que vamos a hacer. Usted cuénteme todo lo que sepa sobre los candidatos y yo le daré unos cuantos artículos de mi valiosa colección privada.

—Ya se lo he dicho cien veces, señor Crook —dijo Pock, hablando con su insufrible lentitud habitual—. Todo lo que sucede aquí es estrictamente confidencial.

—Bueno, pero al menos échele una mirada a lo que puedo ofrecerle —imploró Crook. Procedió a dejar la bolsa encima del mostrador y se dispuso a extraer su contenido—. Está todo aquí, dentro de mi bolsa roja.

—Esa bolsa es azul —lo corrigió el señor Pock.

—Sí, claro. Lo que usted diga, Chollie. A mí me da igual que una cosa sea roja, azul o violeta, porque padezco ceguera al color. Mire, mire —prosiguió Crook—, tengo en mi poder un certificado de nacimiento auténtico de uno de los escritores más grandes de todos los tiempos: Mark Twain. Mire, hasta figura su segundo nombre, Steven, y apostaría a que casi nadie sabe que también se llamaba así. Conseguí hacerme con este certificado cuando estaba escribiendo un artículo sobre los escritores americanos. Vale una fortuna.

Pock parecía estar bastante impresionado.

—Es muy tentador, pero no puedo...

—Espere, que aún no ha visto el resto —lo interrumpió Crook. Metió la mano en la bolsa y sacó una moneda antigua—. Esto sí que lo hará llorar de emoción, chico. Es una auténtica moneda romana. ¿Ve? Todavía se puede distinguir la fecha, 45 a.C., justo debajo de la efigie de Julio César.

—Señor Crook, ya le he dicho que...

—Espere, espere —volvió a interrumpirlo Crook. Metió la mano en la bolsa y sacó de ella un pergamino enrollado—. Más vale que se siente, Chollie.

Porque esto que tengo aquí es nada menos que un original auténtico de la Declaración de Independencia. Este pergamino fue firmado por los fundadores de nuestra patria el 4 de julio de 1776: sólo existen catorce ejemplares, y éste es uno de ellos. Échele una mirada y podrá leer cada una de las firmas que estamparon debajo de la declaración mecanografiada. ¡Será usted la envidia de todo Wellington!

Pock se había quedado boquiabierto y no podía apartar los

ojos del documento. Intentó hacerse con el pergamino, pero Crook se apresuró a apartarlo.

—Cuidado, Chollie, nada de huellas dactilares... la grasa de sus dedos lo echaría a perder. —Al parecer los dedos de Bob Crook no contenían ni una sola partícula de grasa.

»¿Qué me dice, Chollie? Usted me pasa todos los trapos sucios y todas estas posesiones inapreciables son suyas. ¿Le parece bien? —preguntó Bob Crook con una sonrisa un tanto inquietante.

Pock se tocó la mejilla con los dedos mientras cavilaba.

—Supongo que hay algunas cosas que no son completamente confidenciales —dijo después de habérselo pensado un buen rato.

Entonces el señor Pock extendió el brazo y le estrechó la mano a Bob Crook. El reportero sonrió y dijo: «Sabia decisión, Chollie». Crook volvió a guardar los documentos y la moneda y corrió la cremallera de la bolsa, sin darse cuenta de que al hacerlo pillaba una de las esquinas del pergamino.

—¡Crook, espere! —chilló el señor Pock—. ¡Mire lo que le ha hecho a mi Declaración de Independencia!

Sam no pudo seguir callado por más tiempo. Él y su hermano fueron hacia los dos hombres y Sam dijo:

—Yo no me preocuparía demasiado por la Declaración de Independencia, señor Pock. Es un fraude, al igual que los otros artículos y el personaje que está intentando colocárselos.

¿Por qué pensaba eso Sam?

solución

Bob Crook se volvió en redondo para mirar a los dos detectives. En una nueva demostración de que siempre sabía encontrar las palabras más adecuadas para cada momento, dijo:

—Vaya, vaya, vaya, Chollie. Pero si son «el señor Body» y su hermano Noah. ¿Llevan mucho rato aquí?

—El suficiente para haber oído cómo intentaba hacer pasar por auténticos todos esos risibles «artefactos» —dijo Sam con un tono de indignación justiciera.

—¿Risibles? —exclamó Bob Crook—. Pero ¿¡qué dice usted, Body!?

El señor Pock no abrió la boca mientras los veía discutir. Ardía en deseos de saber qué le hacía pensar a Sam que aquellos objetos no eran auténticos.

—Bueno —dijo Sam—, empecemos por el certificado de nacimiento de Mark Twain. Nació siendo Samuel Langhorne Clemens, y usaba «Mark Twain» como nombre literario. Por eso me pregunto cuáles son las probabilidades de que exista un certificado de nacimiento en el que aparezca como Mark Twain. Que dicho certificado incluya su segundo nombre, «Steve», es todavía menos probable.

—Oiga, yo nunca he dicho...

—Ya lo creo que lo dijo, Crook —lo cortó Sam—. Ah, también me gustaría que me explicara cómo quienes acuñaron esa «auténtica» moneda romana tuvieron la extraña idea de estampar la fecha 45 a.C. en ella. Todos sabemos que a.C. es la abreviatura de antes-de-Cristo, así que eso significa que tenían que haber sabido de alguna manera que Cristo nacería 45 años después.

—Bueno, eso no tiene por qué...

—¿No, Crook? Yo creo que sí —prosiguió Sam como si tal cosa—. Y finalmente, el más ridículo de sus artículos: un original auténtico de la Declaración de Independencia escrito a máquina. ¿Realmente cree que Thomas Jefferson redactó la Declaración de Independencia en una máquina de escribir? ¡Las máquinas de escribir no fueron inventadas hasta 100 años después, so idiota! Ya puestos, igual podría haber dicho que Jefferson le había enviado una copia por correo electrónico.

Sam no se dio cuenta de lo mucho que se había divertido

con aquello hasta que finalizó su diatriba, cuando reparó en que tanto Bob Crook como el señor Pock se lo habían quedado mirando sin decir nada. Finalmente, el reportero echó mano de su bolsa y fue con paso cansino hacia la puerta. De pronto se volvió para hacerle una pregunta a Sam, pero en cuanto abrió la boca, Sam levantó la mano y dijo «¡Adiós!» como si esperase que eso bastaría para hacerlo desaparecer.

Bob Crook reaccionó como si acabara de recibir una descarga eléctrica. Se llevó las manos a la cabeza, sacó de su bolsillo una píldora azul para la migraña y se apresuró a tragarla. Luego miró a Sam con expresión desafiante y dijo:

—Lo que usted diga, Chollie. Pero debería echarles un vistazo a los titulares del periódico del domingo. Creo que los encontrará muy interesantes.

—¿Por qué deberían interesarme? —preguntó Sam.

—¡Adiós! —replicó Bob Crook con una sonrisa triunfal, como habría hecho un niño de cuatro años, antes de salir al pasillo. Sam, Noah y el señor Pock pudieron oírlo canturrear «¡Adiós! ¡Adiós!» mientras se alejaba pasillo abajo.

La intrusa

Cuando los últimos ecos del canturreo de Bob Crook se hubieron apagado del todo, Noah y Sam reanudaron la conversación con un señor Pock muy aburrido que no paraba de bostezar.

—Señor Pock, es muy importante que hablemos con la señora Renz —dijo Sam—. ¿Podría tener la amabilidad de decirle que estamos aquí?

—No, no puedo —respondió el señor Pock con su lentitud habitual—. La señora Renz no está aquí, y me dijo que despidiera a todas las visitas. Hoy se encuentra muy ocupada.

—Es un asunto urgente —dijo Sam—. ¿Cuándo volverá?

—Me temo que no sabría decírselo. Puede que tarde varias horas en regresar —replicó el señor Pock. Entonces oyeron un estruendo procedente del interior del despacho de la señora Renz.

—Así que ahora no está aquí, ¿eh? Así que podría tardar varias horas en regresar, ¿eh? —dijo Noah sarcásticamente—. Pues muy bien. En ese caso la esperaremos en su despacho. —Para cuando el señor Pock consiguió encontrar las palabras con que articular una protesta, los dos detectives ya habían pasado junto a él con una sonrisa desafiante. El señor Pock pulsó el botón del intercomunicador y farfulló algo.

Los detectives ya casi habían llegado al despacho de la señora Renz cuando oyeron ruidos procedentes de su interior. Sam golpeó el cristal con los nudillos, pero no hubo respuesta. Abrió la puerta, pero no había nadie. El despacho era espacioso y acogedor y olía a madreselva. El aroma era creado por una pequeña vela que había sido apagada recientemente. Las paredes estaban cubiertas con un empapelado azul claro cuyo pequeño motivo circular hacía que uno se sintiera como si le fallase el equilibrio. Al fondo había un escritorio, pequeño y muy ordenado, con un cómodo sillón de cuero y varios asientos para las visitas dispuestos lo bastante cerca de él para facilitar la conversación.

Un largo cortinaje completamente corrido ocultaba la ventana. Sam le tocó el codo a Noah para atraer su atención y señaló el par de zapatos que asomaban por debajo del cortinaje. Los dos detectives fueron hacia la ventana andando de puntillas y cada uno puso una mano sobre el cortinaje. Con un rápido tirón, Noah y Sam abrieron el cortinaje para revelar a la propietaria de los zapatos. El cortinaje se separó, y Sam y Noah se quedaron boquiabiertos. Aunque se tapaba la cara con las manos, enseguida reconocieron a la joven a la que habían ayudado en el parking el día anterior.

—¡Felicia! —farfulló Sam—. ¿Qué estás haciendo aquí?

—Yo... tengo que irme —tartamudeó Felicia. Intentó dar un rodeo alrededor de Noah, pero éste le cortó el paso.

—No tan deprisa, Felicia —le dijo—. Primero intentas sacarnos información acerca del alcalde Ever y ahora te encontramos escondida en el despacho de la supervisora electoral. Nos debes unas cuantas explicaciones.

—Lo siento. No lo hice con ninguna mala intención —dijo Felicia—. Es sólo que... Bueno, me pareciste muy guapo y me puse a flirtear contigo.

—Oh, ¿de veras? —replicó Noah—. Si tan guapo me encuentras, ¿por qué me diste un número de teléfono falso?

Felicia palideció y pareció como si se le revolviera el estómago.

—No me encuentro bien. Por favor, tengo que salir de aquí.

Sam decidió intervenir en la conversación.

—Te has metido en un buen lío, Felicia. Dinos por qué estabas escondida en el despacho de la supervisora electoral, o tendremos que hablar con la señora Renz.

—Pues lo que es por mí ya podéis ir a hablar con ella —replicó Felicia en un tono muy seco—. Dudo que a mi madre vaya a importarle mucho que yo estuviera en su despacho.

Noah y Sam se miraron.

—¿Tu madre? —dijo Sam—. Vamos, Felicia... No esperarás que te creamos, ¿verdad?

—Enséñanos tu permiso de conducir, o algún otro tipo de identificación —exigió Noah.

—No me he traído el monedero. Pero creo que sé cómo puedo demostraros que soy Felicia Renz.

—De acuerdo, picaré —dijo Noah escépticamente al tiempo que se cruzaba de brazos—. Convéncenos.

—Puedo demostrarlo si vosotros podéis acordaros de lo que me dijo el cartero cuando estuvimos hablando ayer.

¿De qué manera iba a demostrar eso que ella era Felicia Renz?

—¿Cómo iba a olvidarlo? —dijo Noah—. Yo estaba a medio metro de ti cuando el cartero te preguntó si eras forense. Me extrañó que te lo preguntara, y todavía me extrañé más cuando le dijiste que sí. Luego te entregó un paquete. ¿Por qué te preguntó si eras forense?

—Eso no fue exactamente lo que me preguntó —replicó Felicia—. Tenía la esperanza de que no lo hubieras entendido bien, y me alegro de que así fuera. El cartero no me preguntó si yo era forense. Lo que preguntó fue: «¿Es usted F. Renz?». Le pareció que me había reconocido porque acabo de empezar a trabajar aquí, y traía un paquete por el que tuve que firmar.

—Bueno —dijo Sam—, el que la supervisora electoral sea tu madre no explica el porqué mentiste e intentaste sonsacarnos información.

—Creo que yo puedo explicarlo —exclamó Avery mientras irrumpía en el despacho de Carrie Renz con el consiguiente sobresalto de Noah, Sam y Felicia.

—¿Qué haces aquí? —preguntó Sam.

—He venido a deciros que no hace falta que molestemos a la señora Renz. He hablado con el alcalde Ever y me contó todo lo que necesitamos saber.

—Eso sí que es una buena noticia —dijo Sam—. Pero me gustaría que me explicaras por qué Felicia quería sonsacarnos información. ¿La conoces?

—No, no he tenido el placer de conocerla —respondió Avery—. Pero puedo deciros que la he visto antes. ¿Te acuerdas de la foto que Bob Crook recuperó de la basura de Quentin? Pues ella es la chica que sonreía y a la que Quentin le sostenía la mano en esa foto. Él intentó hacerla pasar por su sobrina, pero me juego lo que quieras a que es la prometida de Quentin.

—Ex prometida —aclaró Felicia—. Quentin sólo pretendía utilizarme para promocionar su campaña, así que decidí cortar con él.

—Vaya, vaya —dijo Noah, yendo hacia ella con su mejor cara de fiscal que se dispone a interrogar a una testigo—. ¡Así que espiabas al alcalde Ever para tu novio, Quentin! Eso no estuvo nada bien, pero he de admitir que me gusta tu estilo.

—Yo lo encuentro despreciable —dijo Sam, agarrando del brazo a Noah y sacándolo del despacho. Avery los siguió y, en el parking, les contó lo de la segunda carta del alcalde Ever y que el alcalde había admitido estar teniendo una aventura con la supervisora electoral. Luego encendió un puro y dijo:

—Noah, llama a Annie y pídele que lleve a cabo una búsqueda sobre Felicia Renz en internet. Esa chica no me inspira confianza.

Noah llamó al despacho, pero sólo consiguió contactar con el contestador. Luego llamó al apartamento y se encontró con el buzón de voz de Annie. Su hermana no respondía ni siquiera al móvil, lo que era realmente extraño.

—Tendremos que tratar de contactar con ella dentro de un rato —dijo Avery.

La desaparición

Annie volvió en sí para descubrir que nunca había tenido un dolor de cabeza tan terrible. Los continuos vaivenes y las sacudidas que no paraban de zarandearla no tardaron en hacer que el dolor empeorase todavía más. Annie abrió los ojos y sólo vio oscuridad, porque se los habían vendado. Intentó mover las manos para quitarse la venda, pero descubrió que las tenía atadas a la espalda.

Una voz masculina tarareaba «Ata una cinta amarilla» en el asiento delantero, lo bastante alto para que apenas se pudiera oír a los Ray Coniff Singers interpretando aquel gran éxito de Tony Orlando & Dawn en la radio. Eso fue en 1973 y entonces ella todavía no había nacido, pero por un instante Annie se encontró preguntándose qué habría sido del guapo de Tony Orlando.

No sabía si gritar o permanecer callada y fingir que dormía. Intentó recordar lo que había sucedido y las imágenes volvieron a su mente en un confuso tropel. Recordaba haber ido a sacar unos papeles del archivador, para lo que tuvo que levantarse y dar la espalda a la entrada... haber oído abrirse la puerta... haberse dado la vuelta para ver quién era... cómo un trozo de tela era apretado sobre su rostro por una mano muy fuerte.... y luego, la negrura total.

Annie trató de mantener la calma e inició una lenta serie de maniobras para averiguar si podía sentarse. Descubrió que si echaba la cabeza lo bastante hacia atrás, podía ver por debajo de la venda. Muy despacio y todo lo sigilosamente que pudo, fue desplazando su cuerpo hacia la posición adecuada. Entonces vio la nuca del conductor y luego miró por la ventanilla. A su izquierda había una gran extensión de campos y el sol poniéndose en el horizonte. A su derecha vio un parque con niños que corrían y jugaban. La velocidad a la que se movía el vehículo dejaba claro que estaban circulando por una autovía.

—¡BAJA LA CABEZA! ¡AHORA! —ordenó el conductor. Annie dio un respingo y se apresuró a obedecer.

—¿Quién es usted? ¿Adónde vamos? —preguntó.

—¡Quédate sentada y no abras la boca y no te pasará nada! —ladró el conductor—. Te estoy llevando al sur para que pases unos cuantos días allí. Estarás muy cómoda con tal de que no intentes hacer ninguna estupidez. Te dejaré marchar después de que se hayan celebrado las elecciones.

Annie era una joven valiente y no se asustaba con facilidad, pero no pudo evitar preocuparse por su familia. Avery, Noah y

Sam no sabían dónde estaba. ¿Qué iban a pensar? Tenía que hacer algo.

—Tengo tanta sed... —dijo.

—Aguanta un poco —replicó el conductor—. Pronto oscurecerá y pararé para darte algo de agua. —Annie no se atrevió a confiar en la promesa de que no tardarían en parar. Ya me ha mentido una vez, pensó, así que no puedo creer en nada de lo que me diga.

¿Acerca de qué pensaba Annie que le había mentido el conductor?

solución

Annie decidió que intentaría estar lo más cómoda posible mientras pensaba en un plan de fuga. Trató de adivinar adónde iban. Bueno, pensó, me ha dicho que estamos yendo hacia el sur, pero yo sé que eso no puede ser cierto. El sol ha empezado a ponerse a mi izquierda, así que tenemos que estar yendo hacia el norte.

Entonces pensó que como ya casi estaba oscuro, tendrían que ser alrededor de las seis de la tarde, hora del este. Cuando se puso a archivar los papeles en la oficina, faltaba muy poco para que fuesen las cuatro de la tarde. Dedujo que llevaban aproximadamente dos horas en el coche. Annie sabía que había muchos campos y parques a lo largo de la autopista en Jespo County, en el extremo norte del estado.

Viernes

El director de la campaña

Zee Dotes, especialista en relaciones públicas y aficionado a la magia, estaba muy ocupado desarrollando una estrategia de relaciones públicas para su último cliente. Flaco y de grandes ojos, Zee hablaba muy deprisa y escribía todavía más rápido. Ahora estaba sentado ante su ordenador en su despacho abarrotado de papeles. Había muchas pilas de documentos y algunas sólo medían unos cuantos centímetros de altura, mientras que otras llegaban al medio metro o lo superaban. Los seis archivadores esparcidos por el pequeño y poco ventilado despacho estaban tan atiborrados de documentos que sus estructuras metálicas habían empezado a deformarse bajo la presión de los papeles que contenían. Un recipiente de *chow mein* de pollo a medio consumir emanaba volutas de vapor sobre su escritorio. Las gruesas bolsas que había bajo los ojos de Zee daban testimonio de que siempre trabajaba demasiado.

A pesar de que su negocio de relaciones públicas iba sobre ruedas y de la considerable cantidad de trabajo que eso le hubiese ahorrado, Zee Dotes se negaba a contratar a un ayudante. Lo habitual era que pasara el día corriendo como un loco de un lado a otro para contestar teléfonos, ver a clientes, redactar comunicados de prensa y hacer muchas, muchas cosas más. A veces se sentía tan agobiado por el trabajo que se quedaba sentado en el despacho y lloraba como un bebé. Era una visión patética. Y un poco graciosa. Pero mayormente patética.

Plazos de entrega, clientes impacientes, un montón de papeleo: toda aquella actividad suponía una pesada carga para la mente de Zee. Y eso era antes de que hubiese decidido aceptar a su último cliente hacía dos días. Ya estaba demasiado sobrecargado de trabajo para lidiar con aquella nueva carga, pero no pudo contenerse. ¿Cómo le iba a decir que no al alcalde de Wellington después de que éste le hubiera pedido que gestionara su campaña electoral? Era una oportunidad demasiado grande.

Zee tenía 26 clientes más, a todos los cuales había decidido dejar en situación de espera hasta que se hubieran celebrado las elecciones. A todos menos uno, claro. Aunque Zee estaba trabajando en la campaña del alcalde, tenía otro cliente igual de importante: Quentin Milestone. Naturalmente, Zee era consciente de que llevar las campañas de ambos candidatos no resultaba demasiado ético, pero no había podido decir que no. Además, nadie tenía que llegar a saberlo porque ambos candidatos querían que Zee fuese un secreto.

Desde que Quentin Milestone contrató sus servicios la semana anterior, Zee había creado una malévola campaña que pretendía cubrir de ignominia al alcalde Ever tanto profesional como personalmente. Cuando escribió los anuncios televisivos en los que se atacaba al alcalde, se tronchó de risa pensando en el infeliz que tendría que responder a ellos. El gran problema era que luego le había tocado ser ese infeliz. Zee sólo disponía de cuatro días para reflotar la campaña del alcalde.

Cómo lamentaba ahora haber dicho todas esas cosas tan desagradables acerca de Hugh Ever. Y lo peor de todo era que no sólo tenía que responder a aquellos ataques, sino que además debía lanzar una nueva serie de ataques contra Quentin y luego defenderlo de ellos. Zee se tomó un par de aspirinas.

El alcalde Ever llamó a la puerta de su despacho a las dos en punto, la hora que habían acordado para su reunión de estrategia. Ever quitó unos cuantos papeles de una de las sillas y tomó asiento para discutir el asunto. Los dos caballeros apenas habían empezado a hablar cuando sonó el teléfono.

—Lo Mío Es Competir, Zee Dotes al habla —dijo Zee.

Era Quentin Milestone, y sonaba muy preocupado.

—Zee, tenemos que hablar inmediatamente.

—¿Qué pasa? —preguntó Zee Dotes.

—Me he enterado de que nuestro querido perdedor ha contratado los servicios de un mago de las relaciones públicas. ¡Tenemos que hablar! Voy para allá.

—Oye, Quen... —dijo Zee, olvidándose por un instante de que tenía sentado enfrente al alcalde—. Que no, mira. Claro que siempre podrías venir un poco más tarde, porque en estos momentos estoy con un cliente —dijo, esquivando la catástrofe por muy poco.

—No, ahora mismo voy para allá —dijo Quentin, y colgó sin darle tiempo a protestar.

Zee palideció y empezó a temblar mientras la frente se le cubría de gotitas de sudor.

—¿Va todo bien? —preguntó el alcalde—. Se te ha puesto muy mala cara. ¿Quién era?

—No, no, tranquilo. Estoy bien. Llamaban de Kelly's Deli para decirme que mi almuerzo llegará enseguida. Se habían equivocado de calle.

El alcalde se inclinó hacia él y dijo:

—Pues cualquiera diría que te acaban de dar un buen susto. ¿Quieres que te traiga un vaso de agua?

Zee agitó la mano.

—No, le aseguro que estoy bien. Aunque me parece que será mejor que dejemos la reunión para otro día.

El alcalde Ever sonrió y dijo:

—No olvides que soy el alcalde de esta ciudad, Zee. Puedo

ayudarte. Pero para eso tienes que sincerarte conmigo y contarme la verdad. ¿Quién era esa persona con la que acabas de hablar?

¿Por qué pensaba el alcalde que Zee estaba mintiendo?

solución

—No estoy mintiendo. ¿Por qué le iba a mentir? —dijo Zee.

—Bueno, yo no soy ningún detective —dijo el alcalde Ever—, pero me parece altamente improbable que hayas pedido que te traigan el almuerzo de Kelly's Deli cuando aún tienes un cartón de comida china para llevar medio lleno encima del escritorio.

La confrontación

Zee empezó a devanarse los sesos buscando alguna manera de salir de aquel lío. Si los dos candidatos llegaban a verse las caras en su despacho, se darían cuenta de que ambos habían contratado a Zee Dotes como director de campaña, y Zee perdería a ambos clientes, al igual que su reputación.

Intentó encontrar alguna excusa para persuadir al alcalde de que se fuera, pero no se le ocurría nada. Entonces comprendió que tendría que hacer algo bastante drástico para sacar al alcalde de allí. Como no había tiempo que perder, Zee decidió probar con lo primero que le vino a la cabeza. Se llevó la mano a la cara y chilló:

—Ay. ¡Aaay, mi ojo!

—¿Tu ojo? ¿Qué le pasa a tu ojo? —preguntó el alcalde Ever.

—No... no lo sé, me escuece, me duele, me he quedado ciego... necesito ayuda. Tráigame un médico. ¡Vaya a buscarlo ahora mismo!

—¿Que te has quedado ciego? ¡Oh, Dios mío! Llamaré a la policía.

—¡No! ¿Es que se ha vuelto loco? ¡Enviarán una ambulancia!

—gritó Zed. Pero ya era demasiado tarde, porque el alcalde ya había empezado a explicarle a la operadora de la centralita policial que Zee se había quedado ciego de pronto para luego darle la dirección. La ambulancia venía de camino.

—Nos mandarán a un especialista en problemas oculares —dijo Hugh.

—Tiene que irse, alcalde. No soporto que nadie me vea así —dijo Zee, cada vez más nervioso.

—Tonterías. Me quedaré aquí contigo hasta que la ambulancia...

—¡Váyase! ¡Salga de aquí! ¡Estoy ciego! ¡Me escuece el ojo! ¿Es que no me oye? —chilló Zee.

—Vale, vale. Esperaré fuera, pero cálmate.

Zee no quería que Hugh se quedara rondando por allí, pero al menos ahora iba a salir del despacho.

—Si insiste en esperar, entonces espere en la parte de atrás del edificio —le dijo—. ¡Pero váyase de una vez!

Cinco segundos después de que hubiera oído el portazo, Zee vio llegar a Quentin en su Oldsmobile. Zee se apresuró a esconder los papeles del alcalde debajo de una de sus pilas de documentos y Quentin entró en su despacho.

—Tenemos que empezar a trabajar, Zee. El alcalde ha contratado a un auténtico mago de las relaciones públicas que nos va a crear muchos problemas. Necesitamos estar preparados.

Zee temblaba visiblemente.

—Oye, Quentin, por favor, me temo que eso tendremos que hacerlo en otra ocasión. Ahora necesito que te vayas de aquí.

—¿Ahora? Imposible, Zee. Ese alcalde me tiene muy preocupado. —Quentin casi gritaba.

En el espejo encarado hacia la ventana de atrás, Zee podía ver al alcalde Ever yendo de un lado a otro fuera del edificio. Presa del pánico, Zee saltó de su asiento.

—¡No, tienes que irte! ¡Ya mismo! Ahora no puedo escucharte. No puedo, de verdad.

—¿No puedes escucharme? ¿Por qué no? —preguntó Quentin, que también había empezado a ponerse nervioso.

—Es que no... no puedo escuchar. —Zee tenía que pensar, y rápido. Volvió a decir lo primero que se le ocurrió—. No puedo escuchar, no puedo oír. —Se llevó la mano a la oreja—. ¡Ay! ¡Mi oído!

—¿Qué? ¿Se puede saber qué te pasa? —preguntó Quentin, muy alarmado.

—¡Mi oído, mi oído! Me duele. Siento que me escuece. Me he quedado sordo. ¡Tienes que irte, por favor! Llama a un médico.

—¿Te has quedado sordo? ¡Eso es terrible! ¿Cómo ha sido? No te preocupes, Zee: enseguida haré que te atiendan.

Quentin echó mano al teléfono y llamó a la policía. Paralizado por el horror, Zee oyó cómo Quentin le explicaba a la operadora de la policía lo del ataque de sordera que acababa de tener lugar en la misma dirección donde había habido aquel ataque de ceguera hacía unos instantes. Otra ambulancia fue enviada.

—Van a mandar a un especialista en problemas auditivos —dijo Quentin.

Mientras Quentin colgaba el teléfono, Zee miró en el espejo para ver cómo el alcalde Ever iba hacia la entrada principal con paso rápido y expresión resuelta. Empezó a hiperventilar. Esto no puede estar sucediendo, pensó. El alcalde entró en el edificio y se disponía a entrar en el despacho cuando Zee gritó:

—¡Deprisa! ¡Métete debajo del escritorio! —Estaba desesperado.

—¿Que me meta debajo del escritorio? ¿Para qué quieres que haga algo así? —preguntó Quentin.

Zee estaba intentando meterlo allí a base de empujones cuando la puerta se abrió y el alcalde Ever entró en el despacho. Así fue como los dos rivales tuvieron lo que se podría llamar su primer encuentro cara a cara en varios años. Se miraron a los ojos, cada uno desafiando al otro a que fuese el primero en vacilar. Zee Dotes se apresuró a meterse debajo del escritorio, donde encontró un recibo que había estado buscando desde 1997.

—Así que has venido a espiarme, ¿verdad? —acusó Quentin.

—¿Yo? —dijo el alcalde—. ¿Cómo te atreves a acusarme de que te espío? ¿Cómo has sabido que yo iba a estar aquí? ¿Por qué me estás siguiendo? —Las voces subieron de volumen y la discusión fue subiendo de nivel con ellas.

Las frustraciones de los últimos ocho años habían llegado a un claro estado de ebullición. Los rivales llevaban acumulada tal cantidad de animosidad mutua que cualquier insignificancia bastaría para provocar el estallido final. Aquello fue la chispa que inflamó su ira. Antes de que la razón pudiera imponerse, los dos hombres empezaron a forcejear. Quentin no tardó en llevar la delantera, porque consiguió inmovilizar al alcalde en una rígida presa. La espalda de Quentin rozaba la ventana mientras el rostro del alcalde quedaba apretado contra el cristal.

El alcalde trató de hablar.

—Esto te quitará muchos votos, Quentin —farfulló—. Me he traído conmigo a un reportero de la televisión, y ahora mismo está enfrente de esta ventana, grabándonos.

—Buen intento, mi querido perdedor —rió Quentin al tiempo que incrementaba la fuerza de su presa—. Pero sé que sólo es un farol.

¿Cómo había sabido Quentin que el alcalde se estaba marcando un farol?

solución

—¡Pero qué tonterías estás diciendo! ¡Está ahí fuera con su cámara de vídeo! —insistió el alcalde.

Quentin rió suavemente.

—Puedo mirar por la ventana gracias al espejo de la pared de enfrente. Ahí fuera no hay nadie. —Quentin reforzó un poco más su presa—. ¿Qué se siente, mi querido perdedor? Todavía me acuerdo de algunos de los trucos que aprendí cuando practicaba la lucha libre.

Finalmente se vio obligado a soltarlo cuando su rival le pateó la espinilla.

—Y yo todavía me acuerdo de algunos de los trucos que aprendí en el campo de fútbol —replicó el alcalde.

Quentin cojeaba de dolor cuando los candidatos volvieron a atacarse. Entonces extendió la mano para agarrar al alcalde y su dedo pulgar fue a parar por casualidad al ojo del alcalde, con lo que lo obligó a retroceder hacia la pared. El alcalde se tapó el ojo con la mano y se puso a aullar de dolor. «¡No puedo ver!», gritaba. Quentin se abalanzó sobre él, pero tropezó y su sien chocó con un archivador repleto de documentos. Quentin se llevó la mano a la oreja y empezó a gemir incontrolablemente. Zee Dotes miraba desde debajo del escritorio.

Finalmente, el alcalde Ever y Quentin Milestone salieron del despacho, tambaleándose y gimiendo de dolor, con la mano en el ojo y en la oreja respectivamente. Las ambulancias acababan de llegar y los candidatos fueron remitidos a los especialistas correspondientes.

Zee exhaló un suspiro de alivio.

—Bueno, me he salvado por los pelos —dijo mientras se acomodaba en su asiento, ponía los pies en el escritorio y se disponía a acabar de liquidar su *chow mein* de pollo.

Sábado

La mentira inocente

Annie despertó y trató de abrir los ojos. Necesitó unos segundos para adaptarse a la blancura que la rodeaba. Miró alrededor para familiarizarse con su entorno. Se hallaba en una pequeña habitación rectangular con las paredes pintadas de blanco y un austero mobiliario blanco. El que tanto los muebles como la decoración fuesen completamente blancos hacía que todo estuviera bañado por una intensa claridad. El blanco de las paredes se fundía tan perfectamente con el blanco de la moqueta que costaba discernir dónde terminaba uno y empezaba el otro. No había ventanas. Una luz blanca en el techo proporcionaba la única iluminación.

En un extremo de la habitación había dos camas, con almohadas blancas y colchas blancas, que parecían estar recién hechas. Annie yacía de costado sobre una de las camas. Por un instante Annie creyó ver un poco de azul en la funda blanca de la almohada, pero un examen más atento le reveló que sólo era una ilusión. Si miraba en aquella dirección, podía ver un cuarto de baño envuelto en el mismo resplandor blanco que el resto de la habitación. Una mujer joven, menudita y bien proporcionada, permanecía sentada en un rincón de la habitación con los ojos cerrados. La negrura de su pelo contrastaba con la habitación blanca y la camisa y los pantalones blancos que llevaba. En el otro extremo de la habitación había un colgador de ropa con una camisa y unos pantalones blancos. Annie supuso que serían para ella.

Miró a la mujer y preguntó:

—¿Dónde estoy?

—Oh —dijo la mujer, sobresaltada por la voz de Annie—. Por fin has despertado. Has dormido profundamente durante bastante tiempo.

—¿Cuánto tiempo he estado inconsciente? —preguntó Annie.

—No sabría decírtelo —respondió la mujer—. Aquí no hay relojes o ventanas. Ni siquiera sé si es de día o de noche.

Annie estaba muy confusa.

—¿Dirías que he estado sin sentido durante días o sólo durante unas cuantas horas?

—Bueno —dijo la mujer—, yo diría que habrás estado inconsciente alrededor de un día y medio. Se te veía tan aturdida que estoy segura de que no te acordarás de que yo te daba de comer. Pero ésta es la primera vez que me has hablado.

—Ese hombre tiene que haberme drogado —dijo Annie, casi para sí—. ¿Dónde estamos? ¿Qué lugar es éste? ¿Quién me secuestró? ¿Quién eres?

La mujer la miró con expresión apenada.

—Me llamo Nicole. Desgraciadamente, no dispongo de más información. No tengo ni idea de dónde estamos. Sé cómo te sientes. Yo estuve igual la primera vez que llegué aquí.

—¿Cuándo fue eso? —preguntó Annie.

Nicole se lo pensó un poco antes de contestar.

—No estoy segura, pero he intentado llevar la cuenta guiándome por lo que como. Hasta el momento me han servido 59 comidas. Meten una bandeja con comida por debajo de la puerta. Suponiendo que me hayan estado dando tres bandejas al día, yo diría que llevo casi tres semanas aquí.

Annie saltó de la cama.

—Espera un momento. A la hija del gobernador se la dio por desaparecida hace tres semanas. Tú no serás Nicole Stewart, ¿verdad?

—¡Sí! —farfulló ella.

—¡Esto es increíble! Yo soy Annie Body. ¡Mi padre y mis hermanos son detectives y los contrataron para que te encontraran! Un imbécil que trabaja como reportero publicó información secreta en su periódico, y perdieron la pista del secuestrador. ¿Has visto al hombre que se te llevó?

—No, nunca lo he visto. Pero de vez en cuando me habla a través de la puerta. —Nicole se le acercó un poco más y susurró—: Te confieso que me pone los pelos de punta. Siempre tengo la sensación de que me está observando desde ahí fuera.

Annie recorrió la habitación con la mirada y reparó en varios sitios donde sería fácil esconder una pequeña cámara de vídeo.

—Es muy posible. Oye, ¿te ha dicho por qué te secuestró?

—No me lo ha dicho. Pero dijo que me pondría en libertad después de las elecciones. Cuando me dijo eso, comprendí que mi secuestro ha de estar relacionado con el hecho de que mi padre sea uno de los más fervientes partidarios de Quentin Milestone y lleve meses haciendo campaña por él. Recibimos varias cartas amenazadoras, pero no les hicimos ningún caso. Creo que el secuestrador es alguien que no quiere que Quentin sea elegido alcalde.

—Bueno, eso no tiene ningún sentido —dijo Annie—. A mí también me dijo que me pondría en libertad cuando se hubieran celebrado las elecciones, pero mi familia es muy amiga del alcalde Ever. De hecho, mi padre ha estado haciendo campaña por el alcalde.

—Otra cosa —dijo Nicole—. No sé por qué será, pero el secuestrador está convencido de que me llamo Charlie. He intentado explicarle que no me llamo así, pero no parece entenderlo.

Annie se puso blanca.

—¿Quieres decir que te llama «Chollie»?

—Sí, eso es. Él siempre me llama Chollie. ¿Sabes quién es?

—Creo que sí. —La conmoción inicial de Annie fue reemplazada por la ira.

Justo entonces, hubo una serie de ruidos fuera de la habitación. Las dos mujeres oyeron un rumor de zapatos que caminaban sobre un suelo de madera, susurros y luego el ruidito metálico de una llave al ser introducida en la cerradura. La puerta se abrió y una mujer joven fue empujada al interior de la habitación. Tropezó y cayó al suelo mientras la puerta volvía a ser cerrada con llave tras ella.

Annie y Nicole corrieron en su auxilio. Mientras la ayudaban a levantarse del suelo, Annie vio que tenía delante a Lori-Beth Sugarman, la secretaria obsesionada con el chicle que trabajaba para el alcalde. Le habían vendado los ojos y tenía las manos firmemente atadas a la espalda.

—¡Lori-Beth! ¿También te han secuestrado? —se asombró Annie mientras la ayudaba a incorporarse y le quitaba las ligaduras y la venda.

—Oh, gracias por haberme quitado esa venda. Llevo horas sin poder ver nada. ¿Dónde estoy? —preguntó Lori-Beth mientras mascaba una tableta de chicle que parecía ser un poco más grande de lo habitual.

—Todavía estoy intentando averiguarlo —replicó Annie—. Lo único que sé es que nos encontramos en algún lugar situado al norte de Wellington. Y tengo bastante claro quién está detrás de todo esto.

—¿Te encuentras bien? —le preguntó Nicole a Lori-Beth—. No te habrás hecho daño, ¿verdad?

—No, Nicole, no me he hecho daño. Al menos no lo creo —dijo Lori-Beth. Parecía estar perfectamente.

Lori-Beth sacó de su bolsillo un paquete de chicle de la marca Frutos Jugosos y le dio una tableta a cada una de sus compañeras de cautiverio. Ella se adjudicó tres tabletas y se las metió en la boca a la vez. Las nuevas tabletas no tardaron en fundirse con la ya existente, lo que hizo que la mejilla de Lori-Beth quedara incrementada por un bulto que no tardó en parecer un pequeño bocio. Annie le presentó a Nicole y las tres mujeres se sentaron formando un semicírculo para intercambiar sus respectivas historias.

—Cuéntame una cosa, Anna —dijo Lori-Beth—. Tu familia es muy amiga del alcalde. ¿Qué sabes de sus planes para la campaña? ¿Tiene preparada alguna gran sorpresa para el último minuto?

—¿Es que sólo sabes pensar en eso? —exclamó Annie con alarma—. ¿Estamos atrapadas en esta habitación sin ventanas y sin ninguna esperanza de escapar, y a ti sólo se te ocurre hablar de las elecciones?

—Bueno, perdona, Anna —dijo Lori-Beth con indignación—. Sólo intentaba que dejáramos de pensar en la situación.

—Olvídate de eso —dijo Annie—. Cuéntanos cómo te secuestraron.

—Oh —dijo Lori-Beth—. La verdad es que no hay mucho que contar. Salía de mi apartamento cuando un hombre me agarró por detrás y me obligó a subir al asiento trasero de un coche. Cosa de una hora después, el coche se detuvo enfrente de este dúplex y el hombre me llevó dentro y me metió aquí.

—Es horrible —dijo Nicole a Lori-Beth—. A todas nos han secuestrado exactamente de la misma forma.

—Bueno, casi exactamente de la misma forma, Nicole —dijo Annie—. La principal diferencia entre nuestras historias y la de Lori-Beth es que las nuestras son ciertas.

¿Por qué sospechaba Annie que Lori-Beth estaba mintiendo?

—Pero ¡qué dices, Anna! —farfulló Lori-Beth—. ¿Crees que estoy mintiendo?

—Pues claro que estás mintiendo, Lori-Beth —dijo Annie—. No entiendo por qué lo habrás hecho, pero es obvio que tú también has participado en el secuestro de Nicole.

—¿Cómo lo has adivinado, Anna? —preguntó Lori-Beth.

—Bueno, para empezar —dijo Annie—, antes de que yo te la presentara tú ya sabías que se llama Nicole.

—¿Y? Tiene pintas de llamarse Nicole —replicó Lori-Beth, masticando a toda velocidad.

Annie asintió sarcásticamente.

—Ya veo. Entonces quizá podrás explicarnos cómo supiste que estamos en un dúplex cuando te habían vendado los ojos.

—Oh, eso fue muy fácil —dijo Lori-Beth al tiempo que se levantaba y empezaba a pasear por la habitación—. Da la casualidad de que pude ver la casa a pesar de que me habían vendado los ojos.

—¿Y cómo te las arreglaste para hacer tal cosa? —inquirió Annie.

Justo entonces, Lori-Beth corrió hacia la puerta y la aporreó insistentemente con los puños. Unos segundos después, pudieron oír cómo una llave entraba en la cerradura. Annie ya tenía claro que Lori-Beth iba a escapar, así que saltó de su asiento y corrió hacia ella. En cuanto la cerradura hubo quedado abierta, Lori-Beth enseguida abrió la puerta y salió al pasillo.

Annie trató de agarrarse a la puerta mientras ésta volvía a ser cerrada, pero estaba librando una batalla perdida de antemano. Tiró con todas sus fuerzas, pero sintió cómo la puerta empezaba a escurrírsele entre los dedos. Determinada a no permitir que se cerrara, Annie interpuso un pie en su trayectoria. Luego emitió un estridente gemido cuando la puerta se cerró sobre su tobillo. Al mismo tiempo, su pie fue empujado hacia la habitación desde fuera. Annie sabía que no tenía ninguna posibilidad, y que en cualquier momento la puerta volvería a quedar cerrada con llave. Pensando a toda velocidad, se sacó de la boca el trozo de chicle y lo puso en la cerradura. Una última patada desde fuera hizo que su pie volviera a quedar dentro de la habitación y la puerta se cerró ruidosamente.

L as damas y la gente fina

En el otro lado de las vías del tren en Wellington, residía una gran parte de la gente fina y acomodada. En las dos últimas elecciones, ese grupo tan influyente había apoyado al alcalde Ever. La cosa había estado tan igualada, sin embargo, que sin el valiosísimo y decisivo apoyo de dichos finolis, el alcalde no habría podido ganar las elecciones. Habiéndose percatado de las posibilidades que le ofrecía aquello, Quentin Milestone estaba haciendo todo lo posible para ganarse a ese importante segmento demográfico de la población de Wellington.

Y al parecer Quentin disponía de cierta ayuda en tal empresa. La mañana del jueves, Wellington recibió la visita de dos impresionantes damas de edad madura procedentes de Inglaterra, la señora Doila Valvington y la señora Suzy-Jean Silverspoon. La gente fina de Wellington no sabía gran cosa acerca de aquellas dos recién llegadas aparte de que ambas era muy británicas, muy finas, y pero que muy muy elegantes. Aunque todavía no llevaban ni un día en Wellington, la gente fina de la ciudad ya vivía pendiente de ellas y respetaba sus opiniones. Seguramente sería cosa del acento.

Doila y Suzy-Jean estaban almorzando en Chez Maison, el restaurante más elegante de la ciudad, cuando se vieron rodeadas por un grupo de gente fina que las contemplaba con admiración. Doila Valvington llevaba un enorme sombrero adornado con puntillas y hermosas flores. Ofrecía una estampa realmente magnífica mientras tomaba sorbos de su cappuccino, con un meñique de manicura impecable elegantemente alzado hacia el cielo. En un rincón del comedor, no muy lejos de su reservado, un Quentin Milestone abundantemente vendado estaba sentado a una mesa, escondido detrás de una gran planta.

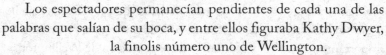

—Verán —les dijo Doila Valvington con un delicado acento británico a los espectadores—, acabamos de llegar a su ciudad y hemos alquilado un apartamento. Y aunque puede que no sepamos gran cosa acerca de su vida política, me parece que está muy claro cuál de los dos candidatos es el mejor.

Los espectadores permanecían pendientes de cada una de las palabras que salían de su boca, y entre ellos figuraba Kathy Dwyer, la finolis número uno de Wellington.

—Disculpen, señoras —dijo y, aunque nunca había estado en Inglaterra, de pronto se encontró hablando con acento británico—, ciertamente no es que yo ose dudar de su palabra, pero ustedes acaban de llegar a la ciudad. ¿Cómo han podido percatarse tan deprisa de que el alcalde Ever es el mejor candidato?

Las elegantes damas británicas se quedaron atónitas.

—¿El alcalde Ever, dice usted? —preguntó Suzy-Jean, con evidente sorpresa—. Oh, tiene que estar bromeando. No, creo que la señora Valvington se refería a ese revolucionario estilista capilar, Quentin Milestone.

Se hizo un silencio lleno de perplejidad al que siguieron susurros de un volumen cada vez más alto que terminaron en un clímax de frenético parloteo, exclamaciones y esnobismo general.

—De hecho —siguió diciendo Suzy-Jean—, yo no votaría por ese bruto maleducado del alcalde Ever ni aunque fuera el único candidato que se presentara a las elecciones.

Detrás de la planta, Quentin sonrió de oreja a oreja.

Kathy Dwyer habría querido defender al alcalde Ever, pero no osaba discrepar de la opinión de una autoridad tan eminente como la que representaban las damas británicas.

—Pero ¿qué le hace pensar que el alcalde Ever es un bruto y un maleducado? —se atrevió a preguntar tímidamente.

Doila Valvington bebió un minúsculo sorbito de su cappuccino y volvió a dejar la taza en el elegante platillo.

—Hace un ratito nos tropezamos con él. La señora Silverspoon y yo salíamos de nuestro apartamento y estábamos esperando en la fila para el elevador. Cuando éste se detuvo en nuestro piso, entramos y vimos que el alcalde Ever bajaba.

Suzy-Jean continuó la historia.

—Lo reconocimos por los carteles que hay colgados en toda la ciudad. Nos presentamos, y entonces el alcalde nos insultó. «No necesitamos tener a un par de británicas presumidas en nuestra ciudad —dijo—. Ya tenemos bastante gente presumida de por aquí.»

Aquella escandalosa revelación tuvo un tremendo impacto sobre la gente fina de Wellington, e hizo que la opinión que tenían del alcalde sufriese un brusco descenso. Les pareció inaudito que osara referirse a ellos llamándolos presumidos. Empezó a parecer como si una sola frase pudiera bastar para alterar el resultado de las elecciones.

Las dos elegantes damas británicas continuaron haciendo comentarios muy duros acerca del alcalde Ever mientras disfrutaban de sus elegantes preparados a base de café. Durante las pausas entre los sorbos y los dardos verbales, las dos representantes de la alta sociedad se secaban las comisuras de los labios con sus servilletas.

Doila Valvington había empezado a hacer un comentario particularmente hiriente acerca de los gustos del alcalde en cuestión de ropa cuando fue interrumpida por un olor bastante acre y el estampido de un enorme puño cayendo sobre la mesa. Tanto el puño como el olor pertenecían a John Reed, el propietario de Greg-y-Eric, Servicios de Fontanería. John llevaba una sucia camiseta blanca y un cinturón lleno de herramientas ceñía su amplia cintura.

—Buenas tardes, señoras —dijo John—. No he podido evitar oír su conversación y los comentarios que han hecho sobre el alcalde. ¿Les importa que las acompañe? —preguntó, al tiempo que se secaba distraídamente la nariz con el dorso de la mano.

Sus pésimos modales dejaron bastante perplejas a las damas. Antes de que pudieran responder, John ya estaba instalando sus considerables posaderas en el asiento junto a Suzy-Jean.

—Hágame un poco de sitio, ¿quiere? —John tenía la boca rodeada de azúcar en polvo y sostenía un dónut.

»Oooh, ¿eso que hay ahí es un *caffachino*? —preguntó—. ¿Le importa si mojo un poco? —Sin escuchar la negativa que respondió a su pregunta, John sumergió su dónut relleno a medio comer en la taza de cappuccino de Suzy-Jean, lo hizo girar y luego lo sacó, golpeándolo suavemente contra el borde de la taza para eliminar el exceso de líquido. Después expresó audiblemente su placer mientras le atizaba un buen mordisco al dónut.

Doila Valvington empezó a abanicarse para evitar que le diera un desmayo. Suzy-Jean Silverspoon se estremeció con tal violencia que una de las mandarinas de adorno salió despedida de su sombrero y fue catapultada a través de la sala, faltando muy poco para que dejara inconsciente a Quentin Milestone.

—Acababa de arreglar la pileta de los servicios cuando salí y las oí hablar —dijo John—. Miren, tías: yo no entiendo mucho de señoras, pero está claro que ustedes de eso no tienen nada. —Le atizó otro mordisco al dónut.

Las elegantes damas británicas se removieron nerviosamente en sus asientos y empezaron a parecer un poco incómodas. La gente fina de Wellington contuvo la respiración y clavó los ojos en ellas, esperando oír cómo rechazaban la acusación de John Reed y, posiblemente incluso lo hacían objeto de una espléndida reprimenda verbal. Pero la negativa no llegó.

Finalmente, Kathy Dwyer empezó a sospechar y preguntó a las dos damas qué tenían que decir en respuesta. Doila Valvington y Suzy-Jean Silverspoon estaban humilladísimas. No dijeron nada, y se limitaron a mirar a John Reed con un odio que no resultaba nada apropiado para una dama.

¿Por qué pensaba John Reed que aquellas damas eran unas impostoras?

Con la boca llena de dónut y la barbilla luciendo una buena cantidad de mermelada, John Reed les explicó qué había querido decir con eso.

—Verán, yo nunca he estado en Inglaterra y ni siquiera he llegado a poner los pies en Londres, si a eso vamos, pero veo mucho Monty Python. Y lo único que sé acerca de los ingleses es que hablan raro. Pero a ustedes les he oído decir que han alquilado un apartamento y que vieron al alcalde en el elevador. Bueno, en Inglaterra no lo llaman «apartamento»: lo llaman «pisito». Y ningún inglés diría nunca «elevador», porque para ellos eso es un «ascensor». Además, los británicos no esperan en una fila: ellos esperan en una cola.

John sometió al dónut a una última inmersión en la taza de Suzy-Jean y se metió en la boca lo que quedaba de él. Luego se levantó y dio unas cuantas palmadas para sacudirse de los dedos el azúcar en polvo.

—Ha sido un placer, señoras. Ahora me esperan unas cuantas cañerías que necesitan un buen repaso. —Se llevó la mano a su gorra de fontanero y desapareció.

Los rostros mortificados de Doila Valvington y Suzy-Jean Silverspoon pasaron por distintos grados de enrojecimiento. En cuestión de segundos, ya se habían levantado de la mesa y estaban fuera del restaurante. Mientras trotaba calle abajo, Suzy-Jean fue dejando tras ella una patética estela de uvas e higos de su elegante sombrero. Cuando Quentin Milestone vio que aquel par de señoras tan elegantes —cuyos servicios había contratado— salían huyendo del restaurante, se quedó sentado en el rincón con el rostro entre las manos y se sintió inmensamente agradecido por el refugio que le proporcionaba la enorme planta del macetero.

misterio 17

Los anuncios de la campaña

La naturaleza y el ritmo de la campaña pasaron a hacerse cada vez más brutales en sus últimos días. Los residentes de Wellington se vieron inundados por un auténtico torrente de anuncios, vallas publicitarias y noticias de última hora. Mirara donde mirara, uno veía otro anuncio de uno de los candidatos o una encuesta indicando los sentimientos cambiantes de los votantes. La cosa empezó a salirse de madre.

Si el alcalde ponía un anuncio en un taxi, Quentin tenía que poner uno en el lateral de un autobús. Cuando Quentin ponía una valla publicitaria, el alcalde contraatacaba contratando una avioneta para que escribiera «¡Ever ganará!» en el cielo. La propaganda del alcalde Ever y la de Quentin Milestone no tardaron en cubrir toda la ciudad. ¡Había pegatinas, volantes, hombres anuncio, pósters y letreritos por todas partes! Algunos de los más fervientes partidarios de Quentin llegaron al extremo de hacer que les recortaran la letra «Q» en el pelo de la nuca. Era simplemente inaguantable.

Pero lo peor de todo —el aspecto más horripilante de toda la campaña— fueron los anuncios televisivos. Lo que empezó teniendo la forma de una serie de suaves críticas a las opiniones políticas del oponente no tardó en iniciar una rápida escalada que llevó al puro y simple asesinato del personaje. Cada candidato compraba espacios comerciales carísimos y lanzaba brutales ataques difamatorios contra su rival.

Aunque había estado haciendo campaña intensamente a favor de su amigo Hugh, Avery decidió que tenía que intentar poner fin a los ataques. Hizo los arreglos necesarios para reunir a Quentin Milestone y Hugh Ever con la esperanza de que así pondrían fin de una vez por todas a aquellas infantiles exhibiciones de prepotencia. La reunión tendría lugar a las ocho en punto de la noche en la agencia de detectives. Avery intentó contactar con Annie para que se encargara de organizarla, pero no hubo manera de dar con ella. Al final tuvo que ocuparse personalmente de todo.

Como sólo había transcurrido un día desde la pelea en el despacho de Zee Dotes, ambos candidatos todavía se hallaban en fase de recuperación. El alcalde fue el primero en llegar, con el brazo izquierdo en cabestrillo y un parche negro cubriéndole el ojo derecho.

—¡Eh, tienes muy mal aspecto! —observó Avery—. No tenía ni idea de que la cosa hubiera sido tan grave. Oí que no fue nada serio.

—¿Nada serio? —repitió Hugh—. ¿Me tomas el pelo? Ese hombre prácticamente me deja ciego, ¡¿y tú dices que no fue nada serio?! Desde que casi me saca el ojo ayer hasta hará cosa de un par de horas, no he podido ver absolutamente nada con ese ojo. Negrura total. Yo a eso lo llamo serio. Espera a que se entere la prensa. ¡Me aseguraré de que todos vean a Quentin Milestone como la bestia salvaje que es en realidad!

—Bueno, Hugh —dijo Avery en tono conciliador para intentar calmar al alcalde—, ésa es la razón por la que te he invitado a venir aquí esta noche... —No le dio tiempo a seguir hablando, porque la puerta de la agencia se abrió y Quentin Milestone entró por ella.

—Eh, espera un momento —gruñó Hugh—. ¿Qué hace él aquí?

Quentin se mostró tan desagradablemente sorprendido como el alcalde.

—Perdona, Avery. Pero no me dijiste que también fueras a invitar a mi querido perdedor. ¿A qué viene esto?

Quentin tenía todavía más mal aspecto que el alcalde, suponiendo que tal cosa fuera posible. Su oreja lucía un vendaje especialmente diseñado que le cubría una buena parte de la cabeza, y un collarín restringía los movimientos de su cuello. Para compensar su severa cojera, Quentin caminaba con la ayuda de una muleta bajo el brazo izquierdo.

—La razón por la que les he hecho acudir aquí, caballeros, es que quiero poner fin a todo este pataleo infantil —dijo Avery—. Sus incesantes ataques difamatorios están haciendo pedazos la ciudad, y no voy a permitir que las cosas sigan así por más tiempo.

Llevó a los dos hombres a su despacho privado y cerró la puerta.

—Bueno, ahora ni el alcalde ni el aspirante saldrán de este despacho hasta que hayamos dado con una solución. Aunque para eso tengamos que estar aquí toda la noche. —Avery cerró la puerta con llave y se la guardó en el bolsillo.

—Tú no lo entiendes, Avery —le dijo Hugh con voz suplicante—. Este hombre me mandó al hospital. ¡Odio los hospitales! La comida era horrible y las enfermeras eran unas sádicas. La enfermera pelirroja que he tenido esta mañana era todavía peor que la rubia que tuve anoche. ¡Y el responsable de todo eso es Quentin Milestone!

—Me limité a defenderme —afirmó Quentin—. Hugh me dio tal patada en la espinilla derecha que pensé que me la había roto. ¡Antes jugaba a fútbol! Luego me incrustó la cabeza en el archivador. ¡Casi me quedé sordo!

Avery levantó la mano.

—¡Basta! ¿Es que no se dan cuenta de lo que están haciendo? Insisto en que esto se tiene que acabar inmediatamente o me encargaré de que los periódicos se enteren de que el alcalde ha estado saliendo con la supervisora electoral, mientras que el aspirante a la alcaldía ha estado saliendo con la hija de la supervisora electoral. ¿Tengo que explicar cuál será el efecto que eso producirá en las encuestas?

Tanto el alcalde como el aspirante reaccionaron con indignación.

—Tú no serías capaz de hacerle eso a un amigo, ¿verdad? —dijo Hugh.

—¡No te atreverás! —rugió Quentin.

—Pues claro que me atreveré —replicó Avery—, si todos esos ataques e insultos difamatorios basados en mentiras no cesan ahora mismo.

¿Por qué pensaba Avery que estaban mintiendo?

solución

—Pero ¡¿qué dices?! —exclamó Hugh.

—¿Mentiras? ¿Piensas que nos estamos inventando todas esas injurias? —preguntó Quentin.

—Por supuesto que sí —los acusó Avery—. Hugh, hace cinco minutos me dijiste que hasta esta mañana no habías podido ver nada con ese ojo.

—¡Es verdad! —dijo Hugh.

—Entonces, ¿cómo has sabido que la enfermera que te tocó anoche era rubia? —preguntó Avery.

Hugh guardó silencio.

—Y tú, Quentin —prosiguió Avery—, afirmas que Hugh te pateó la espinilla derecha, y sin embargo caminas con una muleta bajo el brazo izquierdo.

Después de una larga pausa, el alcalde se quitó el parche del ojo y Quentin se quitó el collarín y el vendaje que le rodeaba la oreja.

—¿Bien? —preguntó Avery—. ¿Nos vamos a dejar de tonterías y empezaremos a comportarnos como personas adultas?

Quentin le ofreció a regañadientes una mano a Hugh. Hugh se la estrechó, también de muy mala gana.

—Tengo una idea —dijo Avery—. Esto hay que celebrarlo. Tomemos una copa y fumemos unos cuantos puros. —Ambos candidatos accedieron sin demasiado entusiasmo.

Avery fue hacia el armarito de los licores y sacó de él una botella de whisky muy caro que había estado reservando para una ocasión especial. Una copa se convirtió en dos, y luego en otra, y después en otra más. A medida que la botella se iba vaciando, las relaciones entre Hugh y Quentin pasaron a ser mucho más relajadas y afables. Cuando estuvieron completamente borrachos, cada uno le abrió su corazón al otro y lo admitió todo.

Al final de aquella larga velada, los candidatos ya estaban confesando sus aventuritas secretas, que se habían espiado el uno al otro, e incontables infracciones y pequeños delitos que nunca habían esperado llegar a divulgar. Finalmente los tres se quedaron fuera de combate alrededor de las seis de la mañana.

Domingo

La filtración

Aquella mañana de domingo, los tres hombres estaban profundamente dormidos en el despacho de Avery. Hugh y Quentin permanecían repantigados en los cómodos sillones de cuero de Avery, quien roncaba ruidosamente con la cabeza apoyada en su escritorio. De pronto los estridentes timbrazos del teléfono rompieron el silencio de la mañana. Avery, cuya cabeza quedaba justo al lado del aparato, dio un bote en el asiento. Quentin y Hugh se removieron en sus sillones pero no se despertaron. Avery miró el reloj y vio que eran las siete. Vaya, pensó, sólo he dormido una hora. Se aclaró la garganta y descolgó el auricular.

—Agenshia de destectives La Averiguasdora —consiguió balbucear incoherentemente con voz pastosa.

Sam se puso a hablar atropelladamente desde el otro extremo de la línea.

—¿Has visto el periódico de hoy? —El joven detective parecía estar al borde del llanto—. No entiendo cómo ha podido ocurrir esto. ¿Qué vamos a hacer?

—¿Qué? —farfulló Avery, que aún no se había despertado del todo—. Voy a echarle una mirada luego te llamo.

Colgó el teléfono y fue con paso tambaleante hacia la puerta pasando junto a Hugh y Quentin, que seguían plácidamente dormidos en sus cómodos sillones. Avery se sacó la llave del bolsillo y abrió la puerta de su despacho. Menuda resaca que tengo, se dijo. Abrió la puerta por la que se accedía a la agencia y se hizo con el ejemplar de *The Daily Sentinel* que le habían dejado en el escalón. Quitó la tira de goma que rodeaba el periódico y lo desenrolló. Clavó la mirada en la primera página para ver el siguiente titular: «Los candidatos admiten aventuras secretas, delitos y conducta poco ética».

Avery no podía dar crédito a lo que estaba leyendo. Sacudió la cabeza y se frotó los ojos para ver si dejaban de estar tan turbios. Luego volvió a leer, con la esperanza de que el titular hubiera cambiado. Pero no fue así.

El alma se le cayó a los pies mientras leía el artículo:

Durante una larga noche de copas en la Agencia de Detectives La Averiguadora, el alcalde Hugh Ever y su oponente Quentin Milestone admitieron toda una serie de delitos y aventuras dudosas durante el año de la carrera por la alcaldía.

El alcalde confesó estar teniendo una aventurilla secreta con Carrie Renz, la supervisora de la junta electoral de Wellington, una revelación que ha dejado atónita a la ciudad. Se sospecha que este romance podría haber influido considerablemente en el desarrollo del proceso electoral.

Para complicar todavía más las cosas, su oponente, Quentin Milestone, admitió estar teniendo un lío secreto con la hija de la supervisora electoral, Felicia Renz, una joven que tiene la mitad de su edad. También se sospecha que hubo bastante juego sucio por su parte.

Aunque ninguno de los dos haya anunciado oficialmente que se retira de las elecciones, las encuestas sin duda reflejarán un tremendo bajón en el apoyo a ambos candidatos. Como las cosas sigan así, Wellington se quedará sin ningún candidato viable a la alcaldía. Una fuente que no ha querido revelar su identidad, sin embargo, ha indi-

cado que podría haber un nuevo aspirante surgido en el último momento.

Avery se sintió incapaz de seguir leyendo. Volvió a su despacho e intentó despertar a Hugh y a Quentin.

—¡Arriba! ¡Vamos, arriba!

Se puso a sacudir a los dos hombres, que habían empezado a dar tenues señales de vida. Avery fue al dispensador de agua y llenó dos vasos con agua bien fría. Luego desandó sus pasos y vació los vasos sobre los rostros de Hugh y Quentin. Los candidatos chillaron y saltaron de sus sillones.

—¡Despertad de una vez! —se puso a gritar Avery—. ¡Esto es una emergencia! ¡Mirad! —Les enseñó el periódico para que lo leyeran. ¡Mirad los titulares! —Ambos candidatos se quedaron boquiabiertos.

—¡Estoy perdido! —chilló Hugh—. ¡Has acabado con mi carrera política, Milestone! ¡Nunca habría debido confiar en ti!

—¿Yo? ¡Has sido tú! —chilló Quentin—. Ahora ni siquiera podré aparecer en público. ¡Me harán picadillo! ¿Por qué has tenido que hacer esto?

—Tienes que creerme, Avery. ¡Yo no he tenido nada que ver con esta jugarreta! —suplicó Hugh—. ¡Tiene que haber sido Quentin! ¡Salió del despacho mientras estábamos dormidos y llamó al periódico!

—¡No me acuses de algo que no he hecho, lunático! —protestó Quentin—. Avery, fue él quien llamó al periódico. ¡Yo no he tenido nada que ver con esto!

—Vamos a ver si nos calmamos un poco —dijo Avery—. No sé cómo habrá conseguido llegar a enterarse el periódico, pero puedo aseguraros que ninguno de los dos ha tenido nada que ver con esto.

¿Por qué estaba tan seguro Avery?

—¿Qué quieres decir, Avery? —preguntó Hugh—. ¿Me estás diciendo que fuiste tú?

—No, no, por supuesto que no —le aseguró Avery—. Anoche los tres estuvimos juntos aquí hasta que nos quedamos dormidos alrededor de las seis de esta mañana. El periódico ya había salido de la rotativa bastante antes de esa hora. Además, ninguno de los dos puede haber salido del despacho. La puerta estaba cerrada con llave y la llave ha permanecido dentro de mi bolsillo durante toda la noche.

Eso pareció calmar un poco a los candidatos.

—Y tampoco debemos olvidar —prosiguió Avery—, que la información que contiene el artículo os perjudica a ambos. Dudo que ninguno de vosotros haya sido capaz de revelar sus propios secretos.

Los tres hombres empezaron a ir y venir por el despacho sin dejar de preguntarse cómo había podido suceder aquello. Los candidatos enseguida comprendieron que podía suponer el fin de sus campañas. Tenían que hacer algo para evitar la catástrofe, y rápido. Salieron del despacho de Avery presas del pánico.

misterio 19

Vuela, Avery, vuela

Avery no sabía qué hacer. Decidió llamar a su familia para convocar una reunión de emergencia. No tuvo ningún problema para contactar con Noah y Sam, pero Annie seguía sin poder ser localizada. Cuando llegaron sus hijos, los tres tomaron asiento en el despacho y empezaron a estrujarse los sesos.

—Durante la última semana han ocurrido unas cuantas cosas bastante raras que no puedo explicar —empezó Avery—. En primer lugar, está la carta del alcalde. —La sacó del cajón y la examinó—. El alcalde dijo que la escribió él mismo para persuadirnos de que investigáramos a Quentin Milestone. Pero entonces llegó la segunda carta, escrita en términos muy similares a los de la primera. —Avery sacó la segunda carta del mismo cajón y comparó los dos textos—. Hugh niega haber escrito esta carta, y yo le creo. La letra es completamente distinta.

—¿Quieres decir que...? —empezó a preguntar Noah.

Avery y Sam esperaron a que completara la frase, pero ambos sabían que no tenía nada más que decir.

—Pero nosotros éramos las únicas personas que sabían de la existencia de la primera carta —dijo Sam pasados unos instantes—. ¿Quién más puede haberla escrito?

—Eso es lo que tenemos que averiguar —respondió Avery.

—Ever quizá se lo contó a su secretaria, Lori-Beth Sugarman —dijo Sam.

—Tal vez —repuso Avery—. Pero Hugh me dijo que se quedó demasiado asustado para contárselo a nadie. Aun así, creo que tienes razón en lo de Lori-Beth. Sé que esa chica oculta algo.

Noah intervino, con un cierto retraso, para aportar una conjetura que no tenía nada de original.

—Ever quizá se lo contó a su secretaria, Lori-Beth Sugarman.

Avery y Sam lo miraron con asombro e hicieron como si no lo hubieran oído.

—Y ahora tenemos lo que ha publicado el periódico —prosiguió Avery—. Hugh, Quentin y yo éramos las únicas personas que podíamos saber de qué se habló en el despacho. Sé que yo no filtré la información y, obviamente, ninguno de ellos pudo haberla filtrado.

Noah y Sam ofrecieron sugestiones que iban desde lo levemente ilógico hasta lo pura y simplemente ridículo, incluyendo la posibilidad de abducciones alienígenas (la idea fue de Noah). Mientras los hermanos daban vueltas a sus teorías, Avery permanecía sumido en profundas cavilaciones e iba recordando a todos los visitantes que habían pasado por su despacho durante la última semana.

Y entonces dio con la respuesta. Su corazón se saltó un latido cuando recordó un incidente que había tenido lugar hacía unos días. Fue hasta donde estaba sentado Sam, metió la mano bajo la silla y tanteó. Un instante después, dejó escapar una exclamación ahogada. Se incorporó y llamó a sus hijos agitando los brazos.

Ver a su padre comportándose como un lunático hizo que Sam y Noah empezaran a sentirse seriamente preocupados.

—¿Qué te pasa? —preguntó Sam—. ¿Te encuentras bien?

Avery se llevó un dedo a los labios para que sus hijos no abrieran la boca, y empezó a hablar con una extraña animación.

—Oh, bueno, ya sabes... veras, yo, ejem, he decidido que hablaré con Hugh para convencerlo de que retire inmediatamente su candidatura. —Mientras decía aquello, movió la cabeza de un lado a otro y se puso a manotear, tratando de indicar que no hablaba en serio.

—Pero ¡¿qué dices?! ¡No puedes hacer eso! —exclamó Sam.

—¿Seguro que te encuentras bien? —preguntó Noah—. ¿Por qué mueves los brazos de esa manera?

—¿Quién, yo? —dijo Avery. Soltó una risotada que le salió bastante forzada—. Ja, ja, no, mis brazos están completamente inmóviles. Como os iba diciendo, me parece que ahora mismo iré a hablar con Hugh para convencerlo de que deje la política. Es lo mejor que puede hacer ahora que toda esta basura ha salido a la luz. —Con todo aquel gesticular y sacudir la cabeza violentamente, Avery era el vivo retrato de un gigante que se hubiese vuelto loco. Casi parecía como si estuviera intentando volar. Sus frenéticas señales manuales parecían carecer de sentido, así que sus hijos se quedaron sentados donde estaban y empezaron a sentirse cada vez más preocupados por su padre.

¿Por qué se estaba comportando Avery de aquella manera?

Finalmente Noah se levantó y lo agarró de los brazos. No podía soportar ver cómo su padre perdía el control. Entonces Avery tuvo una idea. Se quitó de encima a Noah y fue a su escritorio para hacerse con un trozo de papel. Luego echó mano de un bolígrafo y, en letras muy grandes, escribió la palabra «bicho».

Noah asintió con aparente comprensión y salió del despacho. Sam comprendió de qué iba todo aquello y se puso a interpretar el papel que se esperaba de él.

—Oh, sí, claro, es lo único que se puede hacer. Hay que convencer al alcalde Ever de que renuncie a la alcaldía. Sí.

Mientras Sam decía aquello, Avery le hizo señas de que siguiera hablando. Los dos continuaron manteniendo aquella nada convincente conversación durante varios minutos, hasta que Noah irrumpió en el despacho con un spray de insecticida y empezó a rociarlo todo. Avery y Sam huyeron del despacho con Noah pisándoles los talones. Cuando estuvieron en el área de recepción, Avery explicó lo que estaba pasando.

—Veréis, chicos, me he puesto a pensar en todas las personas que han estado en mi despacho recientemente, y de pronto me he acordado de un pequeño incidente que ocurrió cuando Bob Crook vino a visitarnos el martes. Recuerdo que cuando salía del despacho se le cayó el cuaderno de notas, y entonces vi cómo metía la mano debajo de la silla para recuperarlo. En ese momento no le di mayor importancia, pero de pronto he comprendido que podía haber estado poniendo un bicho.

—¡Oh, te refieres a uno de esos micrófonos que parecen una cucaracha! —exclamó Noah, apresurándose a esconder el insecticida detrás de la espalda.

—Eso explica lo de las cartas —dijo Sam—. Bob Crook tiene

que haber oído cómo leías la primera carta y luego escribió una segunda carta haciendo que sonara igual que la primera. Pero ¿por qué?

—No lo sé —replicó Avery—. Pero también explica cómo *The Daily Sentinel* llegó a enterarse de la conversación que Hugh, Quentin y yo mantuvimos anoche. Bob Crook oyó todo lo que dijimos y luego escribió el artículo para su periódico.

—¡Maldito fisgón! —exclamó Noah—. Aunque he de admitir que es un tipo muy listo.

—Eh, me parece que nadie te ha pedido que admitas nada —dijo Avery—. Y, por alguna razón, la secretaria de Hugh también está involucrada. Cuando le entregó la segunda carta a Hugh, dijo que contenía malas noticias. Pero el sobre aún estaba cerrado. Obviamente, ella ya conocía el contenido de la carta antes de que llegara a ser abierto.

—Deberíamos tener unas palabritas con la secretaria, entonces —sugirió Sam.

Avery asintió.

—Una idea excelente. Le diremos a Annie que averigüe la dirección de la señorita Sugarman e iremos a hacerle una visita. ¿Dónde está Annie, por cierto? He intentado contactar con ella y no consigo encontrarla.

—Llevo un par de días sin verla —dijo Sam—. Probé a llamarla al móvil, pero no hubo respuesta.

Avery empezaba a preocuparse.

—Esto es muy extraño. Annie siempre responde a su móvil. Nunca la he visto sin él. ¿Dónde puede haberse metido? No está en casa, porque esta mañana la llamé allí. Volveré a probar suerte con el móvil.

Noah fue al teléfono y marcó el número del móvil de Annie. Los tres detectives dieron un respingo cuando oyeron una tenue melodía dentro del armario. Guiados por el sonido, abrieron la puerta del armario y vieron el bolso de Annie caído en el suelo. Sam lo abrió y sacó de su interior el móvil, que seguía sonando. Avery palideció.

—Noah, llama a la policía —dijo.

Los policías queseros

—¿Has llamado a la policía, Noah? —preguntó Avery un rato después.

—Desde luego. Dijeron que estarán aquí en cualquier momento —replicó Noah.

Avery asintió aprobadoramente.

—¿Pediste que te pusieran con el jefe Wilkins?

—Sí —dijo Noah—. Hablé con él y me dijo que enviaría a dos de sus mejores hombres.

—Estupendo —dijo Avery—. Como ya sabemos todos, el jefe Wilkins y yo nos conocemos desde hace mucho tiempo y siempre nos hemos llevado muy bien. Estoy seguro de que no nos fallará.

Avery empezó a ir y venir por el area de recepción retorciéndose las manos. Las arrugas de su frente eran todavía más pronunciadas que de costumbre.

Los tres se pusieron a hablar de la última vez que recordaban haber visto a Annie.

—Fue hace tres días —dijo Avery—. Hugh estuvo aquí con su secretaria cuando vino a enseñarme la segunda carta. Luego los tres salimos del despacho, y Annie se quedó sola.

Desde la ventana en el área de recepción, los tres detectives vieron cómo un coche sin distintivos policiales se detenía en la calle y dos caballeros con un aspecto de lo más oficial salían de él y entraban en el edificio. Avery fue a la puerta de la agencia y les hizo señas de que entraran. Los dos hombres así lo hicieron, y el más alto dijo:

—Buenos días. Soy el detective Stanley y éste es mi ayudante, el detective Eco.

—Yo soy su ayudante —dijo el detective Eco.

Los dos detectives les estrecharon la mano a los tres Body y mantuvieron el siguiente diálogo:

Avery: Les agradezco que hayan venido tan deprisa.

Detective Stanley: Me limito a cumplir con mi trabajo, señor.

Detective Eco: Me limito a cumplir con mi trabajo, señor.

Detective Stanley: Bueno, pongamos manos a la obra. Pero no veo cómo podemos partir de la base de que alguien ha desaparecido si ustedes tres están aquí.

Avery: Es que realidad el asunto no tiene nada que ver con nosotros tres.

Detective Stanley: Porque ninguno de ustedes tres ha desaparecido, ¿verdad?

Sam agitó la mano como para indicar que él estaba allí.

Detective Stanley: Bueno, vamos a ver si consigo aclararme. Nos acaban de llamar para comunicarnos una desaparición y ahora resulta que ninguno de ustedes tres ha desaparecido. ¿Qué es esto, una broma pesada? Porque ahora usted me está diciendo que no ha desaparecido nadie.

Detective Eco: ¿No ha desaparecido nadie?

Avery: No, es evidente que yo no he desaparecido. Sam tampoco ha desaparecido, y él...

Noah agitó la mano sin esperar a que se mencionara su nombre.

Detective Stanley: No entiendo nada. Volvamos a empezar. Ustedes no han desaparecido, y sin embargo uno de ustedes ha llamado a la policía porque había desaparecido.

Avery: No creo que sea tan difícil de entender, detective Stanley. Mi hija Annie ha desaparecido, probablemente secuestrada. Mi hijo Noah ha llamado a la policía para comunicar la desaparición, porque dudo mucho que el secuestrador esté dispuesto a permitir que sea mi hija la que haga esa llamada.

Detective Stanley: Bueno, estamos aquí, ¿verdad? ¡Alguien tiene que haber llamado a la policía!

Detective Eco: Sí, alguien tiene que haber llamado a la policía.

Noah: ¿Por qué dice usted eso, detective? ¿O es que me considera demasiado estúpido para descolgar el teléfono y llamar a la policía?

Avery: Le aseguro, detective, que tanto Sam como Noah saben manejar un teléfono y llamar a la policía.

Noah: Y las llamadas a larga distancia también se me dan bastante bien, no crea.

Sam: Tendría que verlo con el fax.

Detective Stanley: ¡Ya está bien! He venido aquí a investigar un caso de desaparición, no a jugar a las adivinanzas.

Detective Eco: Fin de la partida.

Avery explicó a los detectives las circunstancias de la desaparición de Annie y las circunstancias que envolvían las elecciones.

—Miren, tengo una agencia de detectives privados —dijo después—, así que he acumulado una cierta experiencia en este tipo de casos. Tengo la sensación de que la desaparición de mi hija guarda alguna relación con las elecciones.

El detective Stanley recorrió la oficina con la mirada y le dijo:

—¿Tiene usted algo de queso?

—¿Queso? —repitió Avery.

—Sí, queso —dijo el detective Stanley—. Al detective Eco le encanta el queso.

—Me encanta el queso —confirmó su ayudante.

—No —dijo Avery—. Lo siento, pero me parece que no tenemos nada de queso.

—Gouda, cheddar, suizo. No tiene manías —dijo el detective Stanley.

—No tengo manías —corroboró el detective Eco.

—Ya le he dicho no tenemos nada de queso en la oficina —repitió Avery—. Lo siento.

—Cualquier clase de queso nos irá bien —insistió el detective Stanley—. Munster, queso azul, brie, camembert, Roquefort, queso de cabra, manchego seco...

Avery estaba empezando a sospechar.

—Oiga, detective Stanley, ¿por qué les ha asignado este caso el jefe Wallace? ¿Tienen ustedes alguna experiencia en los casos de personas desaparecidas?

—Sí, ha dado usted en el clavo —dijo el detective Stanley—. El jefe Wallace sabe que hemos conseguido encontrar a muchas personas desaparecidas, así que nos envió. Pero para hacer nuestro trabajo de una manera realmente efectiva, primero necesitamos un poco de queso.

—Necesitamos un poco de queso —dijo el detective Eco.

—Bueno, caballeros, les agradezco que hayan venido a verme, pero me parece que esperaremos a que llegue la verdadera policía.

¿De qué demonios estaba hablando Avery?

solución

—¿La auténtica policía? —preguntó el detective Stanley—. ¿Qué le hace pensar que nosotros no somos auténticos policías? ¿Lo dice por lo del queso, quizá?

—En absoluto —repuso Avery—. Da la casualidad de que sé que a ciertos policías les encanta poder atizarse un buen trozo de queso de vez en cuando.

—Vamos, admita que nadie puede resistirse a un buen trozo de queso —insistió el detective Stanley.

—Sí, lo admito —se mostró de acuerdo Avery.

—Toma nota de eso, Eco: lo admite.

El detective Eco sacó su cuaderno de notas.

—El queso... es... bueno —dijo mientras escribía.

—Bueno, ¿cómo lo ha sabido? —preguntó el falso detective Stanley.

—Les pregunté si el jefe Wallace les había asignado este caso y usted me respondió que lo había hecho —dijo Avery.

—¿Tiene usted algo que objetar a eso? —quiso saber Stanley—. ¿Por qué no iba a asignarnos el caso?

—Porque no existe ningún jefe Wallace —respondió Avery—. El jefe de policía se llama Wilkins.

Avery acababa de dar por terminada su explicación cuando oyeron una sirena policial que sonaba cada vez más próxima. Unos segundos después un coche patrulla se detuvo ante el edificio y dos agentes se dispusieron a salir de él. Estaban terminando de bajar del coche cuando los falsos detectives Stanley y Eco se volvieron para verlos venir. El falso detective Stanley dijo: «Oh, oh, Eco, es la pasma. ¡Espabila!». Se dispusieron a ir hacia la puerta, pero los agentes fueron más rápidos que ellos.

Uno de los agentes abrió la puerta de la agencia y entró.

—Vaya, mira quién está aquí —dijo—. ¡Pero si son el señor Stanley y el señor Eco! Vamos a ver si lo adivino. ¿Hemos vuelto a escuchar la radio de la policía?

—No sé de qué me está hablando —insistió Stanley.

—¿Qué, has conseguido sacarle un poquito de queso? —dijo el agente.

—No ha habido suerte —dijo Stanley.

El agente dio un paso hacia él y dijo:

—Bueno, creía haberos dicho que ya estaba bien de jugar a los detectives. Porque como os vuelva a pillar haciéndolo, tendré que deteneros. ¿Entendido?

Los falsos detectives asintieron y salieron de la agencia sin abrir la boca. El agente se volvió hacia Avery.

—Espero que no le hayan puesto demasiado nervioso.

—El que mi hija haya desaparecido ya me ha puesto los nervios de punta —replicó Avery, después de lo cual procedió a contar a los agentes hasta el último detalle del caso.

—No se preocupe, señor Body. Ahora mismo enviaremos un aviso de desaparición y registraremos hasta el último rincón de esta ciudad —le aseguró el agente. Avery Body los miró con expresión apenada mientras les daba las gracias y los veía partir. Después se volvió hacia sus hijos.

—Annie es demasiado importante para que dejemos que otras personas se encarguen de dar con ella. Tenemos que pensar y trazar un plan.

Los tres se pusieron a dar vueltas por el despacho, Avery con la cabeza baja y la mano en el mentón. Sus hijos enseguida vieron lo impresionante que resultaba aquella postura de estratega clásico, y se apresuraron a adoptarla.

—Si al menos hubiera alguna clase de pista... —deseó Avery.

Acababa de decir eso cuando vio un trozo de papel caído en el suelo detrás del escritorio de Annie. Estirándose por encima del escritorio, atrapó el papel entre el pulgar y el dedo meñique y tiró suavemente de él hasta que pudo sacarlo.

—Esto debe de haberse caído detrás de su escritorio —murmuró.

Era una nota similar a la que le había traído el alcalde hacía tres días. Avery la leyó en voz alta:

¡Avery Body, escoria! ¡Cómo te atreves a ayudar a ese inútil de Hugh Ever en las elecciones! ¿No sabes que siempre ha sido un degenerado de la peor especie? ¡No metas tu narizota en esto! ¡No abras la boca! Ahora mismo estoy en tu agencia para haceros una advertencia a ti y a los idiotas de tus hijos. ¡No se os ocurra meteros en esto!

Para asegurarme de que no metes tu narizota de gigante en estas elecciones, me he tomado la libertad de secuestrar a tu hija. ¡Si quieres volver a verla, OCÚPATE DE TUS PROPIOS ASUNTOS! Un momento, tu teléfono está sonando. Ya he vuelto. Era tu contable: dice que lo llames mañana, que ya deberías haber presentado tu declaración trimestral de ingresos y ahora estás fuera de plazo. ¡Te lo advierto! ¡No te metas en esto!

Sinceramente,

Sin firma.

Postdata: ¡Me encanta lo que has hecho con el despacho!

Avery enrojeció de rabia. Empezó a golpearse furiosamente la palma con el puño mientras decía:

—¡Como consiga ponerle las manos encima a ese sucio reportero, lo estrangularé! —Luego rompió la carta en mil pedacitos, pasando por alto que iban a necesitarla como prueba.

—¿Qué te hace pensar que ha sido Bob Crook? —preguntó Noah.

—Pienso que ha sido él, Noah —explicó Avery—, porque la última carta que recibió Hugh era exactamente como ésta. Y ya hemos dejado establecido que esa carta la escribió Bob Crook, imitando la primera que escribió el alcalde Ever. Tenemos que encontrarlo antes de que le haga daño a Annie.

Sam saltó de su asiento y fue hacia la puerta.

—¿A qué estamos esperando? ¡Atrapemos a ese lunático!

—No corras tanto —dijo Avery—. Necesitamos un plan. Sam, ve ahora mismo al periódico en el coche para ver si está allí. Noah, tú comprueba su apartamento. Y yo veré si puedo localizar a Lori-Beth Sugarman. Aseguraos de que vuestros móviles están conectados, y llamadme si conseguís averiguar algo.

Los detectives salieron de la agencia decididos a encontrar a su Annie.

La triple traición

Hugh Ever se encontraba al borde del shock cuando salió del despacho de Avery aquella mañana de domingo. Todo el esfuerzo y la minuciosa planificación que había invertido en hacer campaña no servirían de nada porque un reportero entrometido se había empeñado en publicar los detalles de su vida personal. Lo más preocupante de todo era que aquello estaba ocurriendo cuando sólo faltaban dos días para las elecciones. De hecho, el día anterior, las encuestas habían mostrado que el alcalde llevaba ventaja con el

52 % de los votos. Ahora, tendría suerte si obtenía un total de 52 votos. Tanto él como Quentin Milestone habían perdido su credibilidad y el respeto de sus conciudadanos —los votantes— de la noche a la mañana.

Pero Hugh nunca había sido de los que se daban por vencidos fácilmente. Decidió que si iba a perder las elecciones, no sería porque no hubiese hecho cuanto estuviera en su mano para intentar ganarlas. A pesar de que tenía una resaca espantosa, salió de la agencia y subió a su coche. Encendió el motor y salió del parking, habiendo tomado la decisión de ir a ver al director de su campaña, Zee Dotes.

Mientras aceleraba por la autovía, vio algo que le cortó la respiración. En el lado enfilado hacia el norte había una enorme valla publicitaria con el rostro de Bob Crook, el reportero que había dado a conocer la historia en *The Daily Sentinel*. Bajo el rostro del gigantesco y sonriente señor Crook podía leerse: «Crook para la alcaldía».

Ver aquello hizo que Hugh sintiera que empezaba a hervirle la sangre mientras pisaba el acelerador. Su presión arterial subió junto con la velocidad de su coche mientras iba hacia el despacho de Zee Dotes. Reparó en que había muchas vallas publicitarias anunciando a Bob Crook como candidato a la alcaldía. Hasta aquella mañana, muchas de esas mismas vallas habían lucido el rostro de Hugh o el de Quentin. Hugh se juró que aquel sucio reportero pagaría muy caro lo que había hecho.

Cuando entró en el parking de la agencia de relaciones públicas de Zee Dotes, vio el Oldsmobile de Quentin Milestone aparcado a unos metros de él. Hugh detuvo su coche y fue hacia la puerta principal, desde donde pudo oír claramente la feroz discusión que estaba teniendo lugar en el interior. Se disponía a aporrear la puerta con los nudillos cuando se dio cuenta de que estaba abierta. Hugh entró en la oficina sin anunciar su presencia.

Quentin blandía un ejemplar de *The Daily Sentinel* ante el rostro de Zee.

—¿No has visto el periódico de hoy?

Zee Dotes estaba acorralado contra una pared y se encogía temerosamente.

—¡No, no, ya te he dicho que todavía no he leído el periódico! ¿Qué pone? ¿Es algo grave?

—¡Por supuesto que es grave, idiota! —replicó Quentin, enrollando el periódico para luego dejarlo caer vigorosamente sobre la cabeza de Zee—. ¿Por qué piensas que te estoy gritando? Ese artículo nos ha dejado hechos puré. ¡Hugh Ever y yo estamos acabados! ¿Y qué hace la cara de Bob Crook en mis vallas publicitarias? ¿Cómo has podido permitir que me hicieran esto? Eres el director de mi campaña electoral. ¡Deberías haber impedido que llegara a suceder! Por lo que sé, Hugh y yo hemos quedado eliminados de la competición. ¡Y tú tienes la culpa!

Quentin estaba fuera de sí y parecía peligroso. Zee tembló y se preparó para ser objeto de un ataque bastante más serio. Se acordó de la ferocidad que había exhibido Quentin durante la pelea entre él y el alcalde que había presenciado hacía unos días. Tenía que pensar deprisa para salvarse.

—No, no. Te aseguro que no pasa nada —suplicó Zee, al tiempo que extendía las manos para protegerse.

—¿Cómo que no pasa nada? ¿Se puede saber de qué estás hablando? —gritó Quentin, con los puños rígidamente apretados.

—Te digo que todo va bien. No pasa nada. Todavía no hace ni cinco minutos que estuve hablando por teléfono con el supervisor electoral, y me dijo que sigues pudiendo aspirar a hacerte con la alcaldía.

—Oh, él te dijo eso, ¿verdad? —replicó Quentin sarcásticamente.

—Sí, justo antes de que entraras. Así que ya ves que no hay nada de lo que preocuparse —dijo Zee, con la esperanza de que eso calmaría a Quentin.

—Te equivocas, porque hay mucho de lo que preocuparse —dijo Quentin—. Y como no dejes de engañarme, todavía habrá más.

¿Por qué pensaba Quentin que Zee Dotes estaba mintiendo?

—¡Yo no te engaño, Quentin! —insistió Zee—. ¿Por qué dices que te estoy engañando?

—Porque... —empezó Quentin, pero antes de que pudiera decir nada más, Hugh Ever entró en el despacho de Zee después de haber cruzado el área de recepción.

—Porque —dijo Hugh, retomando el hilo de la frase allí donde lo había dejado Quentin— durante los últimos tres meses he estado saliendo con la persona que ocupa ese cargo, y puedo asegurar con la más absoluta de las certezas que no pertenece al sexo masculino.

—Así que es obvio que no has hablado con la supervisora de la junta electoral —dijo Quentin.

—Y resulta igualmente obvio —dijo Hugh— que nos has estado engañando a los dos. ¿Verdad que sí, señor Dotes?

—¡No! En absoluto —dijo Zee con una risita que no sonó nada natural.

—Cuando te contraté —el alcalde Ever ya iba hacia él— para que te encargaras de llevar mi campaña, no me dijiste que ya te habías hecho cargo de la campaña de Quentin.

—¿Es verdad eso, sucio gusano? —preguntó Quentin.

—Esperad, puedo explicarlo —rogó Zee—. Sí, lo admito. Es verdad. Yo trabajaba para los dos al mismo tiempo. Pero me he esforzado al máximo por representaros imparcialmente y siempre de la manera más beneficiosa para ambos.

—¿Qué me dices de todos esos ataques en los periódicos? —preguntó Hugh—. ¿Fuiste tú el que me llamó «grano infectado» en el editorial del jueves?

Zee lo miró a los ojos y dijo:

—Bueno, sí, ese editorial lo escribí yo. Pero de alguna manera tenía que compensar el que hubieras llamado «retrasado mental» a Quentin en el editorial del miércoles.

—Yo nunca lo llamé eso. ¡Fuiste tú quien lo hizo! —ladró Hugh.

—Bueno, sí, lo hice —admitió Zee—. Pero de alguna manera tenía que compensar el que Quentin se hubiese referido a ti llamándote «pigmeo subido a un taburete» en el periódico del martes, ¿no?

—Ya estoy harto de oír estupideces —dijo Quentin mientras agarraba a Zee por el cuello de la camisa.

Impulsado por la desesperación, Zee se hizo con el gran letrero de plástico que había encima de su escritorio y lo sostuvo ante el rostro para que le hiciera de protección. Al verlo, el corazón de Quentin se saltó un latido y Hugh palideció. En gruesas letras negras, el letrero rezaba: «Bob Crook para la alcaldía».

—¡Esto es demasiado! —dijo Hugh—. ¡¿También le llevas la campaña electoral a Bob Crook?!

—¡Tengo que ganarme la vida! —graznó Zee—. Además, él me hizo una oferta que no podía rehusar.

—¿Y en qué consistía exactamente esa oferta? —quiso saber Quentin, apartando las manos del cuello de la camisa de Zee.

—Me ofreció algunas piezas de museo inapreciables si prometía encargarme de llevar su campaña electoral —dijo Zee. Fue detrás del escritorio y alzó una bolsa de tela azul que había en el suelo—. Vamos a ver qué os parecen.

Abrió la bolsa y sacó de ella los artículos a los que se estaba refiriendo: un auténtico certificado de nacimiento de Mark «Steve» Twain, una auténtica moneda romana acuñada en el año 45 a.C. y una auténtica Declaración de Independencia escrita a máquina.

—¡Me dijo que iba a ser la envidia de todo Wellington! —insistió Zee.

Para apaciguar a los indignados candidatos, Zee se desprendió del certificado de nacimiento y de la moneda, pero se quedó con la Declaración. El alcalde y Quentin se fueron muy satisfechos.

El sabueso y la rubia tonta
Primera parte

Mientras iba hacia el apartamento de Lori-Beth, Avery también divisó las vallas publicitarias en las que Bob Crook se presentaba a la alcaldía. Ahora todas las piezas empiezan a encajar, razonó. Bob Crook ha estado intentando desde el primer momento quitar de la circulación a Hugh y Quentin para así poder presentarse a las elecciones y hacerse con el cargo, estaba pensando Avery mientras detenía su coche ante el edificio de apartamentos en el que vivía Lori-Beth bajo un súbito aguacero.

Avery habría querido esperar a que el diluvio hubiera amainado un poco antes de salir del coche, pero no podía perder ni un segundo. Necesitaba averiguar el paradero de Annie. Salió de su Cadillac y se preparó para correr hacia la entrada del edificio. Todo lo deprisa que podían llevarlo sus gruesas piernas, Avery fue hacia ella. Aunque sólo tardó unos segundos en llegar al edificio, bastaron para dejarlo completamente empapado. Avery se riñó a sí mismo por haberse olvidado de traer un paraguas.

El apartamento de Lori-Beth estaba en la planta baja, el primero a la izquierda tan pronto como entrabas en el edificio. Avery llamó al timbre. Pegó la oreja a la puerta, pero no oyó nada. Volvió a hacer sonar el timbre y complementó la llamada con una rápida sucesión de golpes asestados con los nudillos. Pasados treinta segundos de silencio, se convenció de que no había nadie en casa.

Tendré que entrar a echar un vistazo, pensó. Echó mano de su cartera y sacó de ella una tarjeta de crédito. Después de haberla deslizado por la rendija entre la puerta y la jamba, Avery movió suavemente la tarjeta hasta que sintió que el cerrojo cedía bajo la presión.

—Siempre es bueno haber aprendido algunas cosillas sobre el

delicado arte de forzar las puertas —murmuró con expresión pensativa.

Después de haber forzado el cerrojo, Avery se apresuró a entrar en el apartamento y cerró la puerta. Era de día, pero la tormenta hacía que todo estuviese prácticamente a oscuras. Avery no quería encender las luces por si se diese el caso de que Lori-Beth volviera a casa, ya que entonces habría podido ver la claridad en la ventana o por debajo de la puerta. En vez de hacer eso, sacó de su bolsillo una pequeña linterna y empezó a explorar el apartamento.

Entró en la sala de estar y la barrió con el haz de su linterna. La apuntara donde la apuntara, la linterna siempre revelaba envoltorios de papel de chicle hechos una bola. Paquetes vacíos de Frutos Jugosos, Burbujitas y Doblementa cubrían el suelo enmoquetado. Una vieja máquina expendedora de chicles en forma de bola ocupaba un rincón de la sala.

Avery puso manos a la obra. Abrió cajones, armarios, cajas —todo lo que tenía a su alcance— en busca de pistas. Encontró una agenda en un cajón de una cómoda y se hizo con ella. Antes de que pudiera abrirla, sin embargo, oyó pasos que se aproximaban por el pasillo. Avery se quedó inmóvil y buscó con la mirada algún escondite que pudiera contener su mole. Mientras el pomo de la puerta empezaba a girar, Avery corrió hacia una ventana, donde le quitó la pantalla a una lámpara para ponerla sobre su calva cabeza. Luego se quedó allí temblando como una hoja mientras la puerta se abría y Lori-Beth entraba en el apartamento.

Nada más encender la luz, Lori-Beth soltó un terrible alarido, aparentemente inducido por la visión de sus cajones abiertos y sus posesiones esparcidas por el suelo. Avery temblaba incontrolablemente y el corazón le martilleaba en el pecho. Temió que, al igual que le había ocurrido al protagonista del relato de Poe *El corazón delator*, todo aquel desenfrenado palpitar terminara revelando su escondite. Pero no lo hizo.

Porque cuando Lori-Beth miró a su alrededor, enseguida vio a un hombretón empapado inmóvil bajo una diminuta pantalla que apenas conseguía cubrir su cabeza desprovista de pelo. El intruso temblaba tan convulsivamente que la pantalla casi bailaba.

Sin ningún aviso previo, Lori-Beth lanzó un tremendo puñetazo que hizo impacto en el centro del torso de Avery. El hombre se dobló sobre sí mismo y la pantalla salió despedida de su cabeza, dejándolo completamente al descubierto.

—¡Señor Body! —jadeó Lori-Beth—. ¿Qué está pasando aquí? ¿Por qué intentaba fingir que era una lámpara? No le habré hecho daño, ¿verdad?

—No, no, qué va —dijo Avery mientras luchaba por recuperar el aliento—. Bueno, será mejor que me vaya...

—¿Qué hace usted aquí? ¿Cómo ha entrado? —quiso saber Lori-Beth, al tiempo que obligaba a su boca a que produjera un impresionante globo de chicle del tamaño de una pelota de golf.

—Yo... —Avery no sabía qué decir. No podía admitir que había forzado la cerradura de su apartamento—. Pasaba por aquí y vi que había un pequeño incendio detrás de tu ventana, así que trepé por ella y lo apagué. Entonces entraste tú. —Avery pensó en un detalle que se le había pasado por alto y añadió astutamente—: Oh, y entonces me encasqueté la pantalla de la lámpara —concluyó, sintiéndose muy satisfecho de su historia.

—Señor Body, yo nunca he aprendido el oficio de detective, pero aun así puedo decirle que su historia no tiene absolutamente ningún sentido.

¿Cómo lo había sabido Lori-Beth?

solución

—¿Por qué dices eso, Lori-Beth? —preguntó Avery. No estaba acostumbrado a encontrarse en aquella situación. Normalmente, era él quien pillaba a los demás diciendo mentiras; ahora estaba teniendo ocasión de probar su propia medicina.

—Bueno... —dijo Lori-Beth, y luego hizo una pausa para masticar el chicle con expresión pensativa—. Si usted hubiese entrado por la ventana y apagado un pequeño incendio justo antes de que yo entrara en el apartamento, entonces no habría todas esas manchas de humedad en mi moqueta que van desde la puerta hasta la ventana.

El sabueso y la rubia tonta
Segunda parte

Avery se sonrojó al comprender que lo habían pillado.

—Siento haberte mentido, Lori-Beth. La verdad es que estoy desesperado. Verás, mi hija ha desaparecido.

—¿Anna ha desaparecido? —preguntó Lori-Beth—. No sabe cómo lo siento. Vaya, así que Anna...

—Annie —la corrigió Avery—. Y creo que tú podrías ayudarme a encontrarla.

Lori-Beth parecía estar muy deseosa de ayudar.

—Si puedo, lo haré encantada, señor Body. ¿De qué manera puedo ayudarlo a encontrar a Anna?

—Annie —dijo el señor Body.

—¿Y qué hacemos con Anna?

—No hay ninguna Anna. Mi hija se llama Annie —insistió Avery.

—Oh, bueno, si usted lo dice, señor Body. Es su hija, claro. Pero me parece que se equivoca. —Lori-Beth fue hacia la máquina expendedora de chicles e hizo girar la manija, desplazándola en dos rotaciones completas. Luego extendió la mano hacia el extremo inferior de la máquina y recibió un puñado de bolas de chicle. Se dispuso a añadirlas a la masa mascada ya existente, pero entonces cambió de parecer. Tiró el chicle viejo y dio inicio a un nuevo globo con las bolas que acababa de sacar de la máquina.

—Lori-Beth, cuando fuiste a mi oficina el otro día con el alcalde Ever, él me dijo que aquella mañana le habías entregado una carta. ¿Te acuerdas de eso?

—Sí, me acuerdo —replicó Lori-Beth.

Mientras hablaban, Lori-Beth empezó a buscar prendas de vestir, latas de comida y una miscelánea de artículos diversos, y lo fue metiendo todo en una pequeña maleta. Parecía como si hubiera ido a casa sólo para hacerse con unas cuantas cosas que sabía iba a necesitar.

—El alcalde dijo que cuando le entregaste la carta, mencionaste que contenía malas noticias —prosiguió Avery—. Pero el sobre estaba cerrado. ¿Cómo supiste qué decía la carta?

—Ahora sí que me ha pillado, señor Body —dijo Lori-Beth—. No tengo ni idea. ¿Cómo lo supe?

—No sé cómo lo supiste —dijo Avery—. Te lo estoy preguntando.

Eso pareció dejar bastante confusa a Lori-Beth.

—Sí, claro. Pues el caso es que no lo sé. El sobre estaba cerrado. ¿Cómo pude saber lo que contenía?

—Exactamente. ¿Cómo pudiste saberlo?

—Es lo que le he estado diciendo —replicó Lori-Beth.

Avery sacudió la cabeza con incredulidad. Decidió cambiar de táctica.

—Otra cosa, Lori-Beth. ¿Sabes dónde podría encontrar a tu amigo Bob Crook?

—¿Amigo? ¡Vaya, ésa sí que es buena! —dijo Lori-Beth—. No aguanto a ese tipo. Dijo que me contrataría como secretaria cuando lo eligieran alcalde.

—Pero ya eres secretaria del alcalde —observó Avery.

—Sí, pero él dijo que me doblaría el sueldo —dijo Lori-Beth, produciendo un enorme globo de chicle como para subrayar la afirmación.

Avery estaba empezando a ponerse un poco nervioso.

—¿Qué clase de ayuda te pidió que le prestaras Bob Crook?

—Prefiero no decir nada más, señor Body —dijo Lori-Beth—. Ya he hablado demasiado. Estoy seguro de que él no le hará ningún daño a Anna, señor Body. Me pareció que tenía muy buen aspecto. —Fue a buscar su bolso y dio un paso hacia la puerta—. Puede cerrar cuando se vaya, o si lo prefiere siempre puede salir por la ventana.

—¡Espera! ¿Has visto a Annie? ¿Cuándo? ¿Esta mañana?

—Tengo que irme, señor Body. —Lori-Beth trató de pasar junto a él.

—¿Es ahí adonde vas ahora? —preguntó Avery. Lori-Beth no le respondió—. ¿Viste a Annie esta mañana? ¿Era ahí donde estabas? —Lori-Beth siguió sin abrir la boca—. Dime, Lori-Beth, ¿es de ahí de donde acabas de regresar?

—No, en absoluto. Acabo de salir de la consulta del dentista —dijo Lori-Beth—. Tenían que hacerme un par de empastes. Bueno, y ahora realmente tengo que irme.

Avery decidió probar suerte con otra estrategia.

—Muy bien, Lori-Beth —dijo—. Siento haber dudado de ti. Que tengas un buen día.

Se hizo a un lado para dejarla pasar y Lori-Beth se apresuró a salir del apartamento. Avery esperó unos segundos antes de seguirla. Subió a su Cadillac e hizo girar la llave del encendido. Le dio unos cuantos segundos de delantera a Lori-Beth y luego fue en pos de ella.

—Así que estabas en la consulta del dentista —masculló mientras conducía—. ¡Ésa sí que es buena! Con un poco de suerte, me conducirás hasta mi Annie.

¿Qué es lo que no encaja en la historia de Lori-Beth?

Avery enseguida pudo ver que Lori-Beth iba a cosa de medio kilómetro por delante de él. Se aseguró de que no la seguía demasiado de cerca, pero no la perdió de vista. Llamó a sus hijos por el móvil y les dijo que subieran a sus coches. Les explicó que había encontrado un rastro que lo llevaría hasta Bob Crook y que ya les diría adónde debían ir en cuanto supiera algo más.

Entonces tuvo una corazonada. Les dijo a sus hijos que contactaran con el gobernador Stewart para avisarle de que estuviera preparado. Luego se guardó el móvil y se concentró en seguir a su objetivo mientras hacía un rápido repaso mental de la conversación que acababa de mantener con Lori-Beth.

¡El dentista, nada menos!, pensó. Incluso suponiendo que su dentista tuviera abierta la consulta en domingo para hacer unos cuantos empastes, dudaba que Lori-Beth fuera capaz de mascar chicle con la cara llena de novocaína.

misterio 24

La gran evasión

Annie esperó hasta que ella y Nicole ya no pudieron oír ningún ruido al otro lado de la puerta. Habían transcurrido más de diez horas desde que Lori-Beth huyó de la habitación y Annie pegó un trocito de chicle en el quicio de la puerta. Cuando el silencio fue completo y Annie estuvo convencida de que no había nadie cerca, cerró la mano sobre el pomo, con la esperanza de que el chicle hubiera impedido que el cerrojo cumpliera su función.

El chicle había hecho lo que se esperaba de él, y Annie pudo abrir la puerta tirando de ella sin necesidad de hacer girar el pomo. Atisbó por la rendija. Sólo había negrura. No podía ver ni medio metro más allá de la puerta. Sabía que tenían que actuar inmediatamente, ya que aquélla podía ser su última oportunidad de escapar.

Mientras Annie planeaba su fuga, Lori-Beth Sugarman estaba muy ocupada guiando a Avery Body hasta el escondite.

Avery se aseguró de permanecer unos cuantos coches por detrás de Lori-Beth para que ella no se diera cuenta de que la seguía. Volvió a echar mano a su móvil y llamó a Sam.

—Hemos girado por Yukon y vamos en dirección norte por la autopista 9. Quiero que llames a la policía para que me manden refuerzos, y asegúrate de que mantienes informado al gobernador —le pidió.

Después de haber esperado durante lo que le pareció una eternidad, Annie abrió la puerta lo suficiente para que su esbelto cuerpo pudiera pasar por el hueco y luego le hizo una seña a Nicole para que la siguiese. Cuando las dos mujeres hubieron salido de la habitación, Annie cerró la puerta. Las dos cautivas fueron de puntillas, tanteando el vacío con las manos extendidas en busca de una pared o una puerta. De pronto un interruptor fue accionado y toda la habitación quedó brillantemente iluminada. Un grito escapó de los labios de Nicole en tanto que Annie se quedaba inmóvil.

Cuando sus ojos se hubieron habituado a la súbita claridad, Annie vio que se encontraba en una gran habitación blanca con el mobiliario en bastante mal estado. Nicole estaba a su lado, agarrándola del brazo. Sentado en una silla al otro extremo de la habitación estaba Bob Crook, luciendo su famoso sombrero hongo y una sonrisita de lo más irritante. Ante él, Annie pudo ver una mesa en la que había varios objetos. En el centro de la mesa había una compresa fría y una revista, unas cuantas pastillas verdes y un vaso de agua a la derecha, unas cuantas pastillas rojas a la izquierda, y una enorme pistola colgada del borde de la mesa.

—Os felicito por haber conseguido salir de la habitación, Chollies —dijo Bob Crook—. Pero eso me crea un problema. Como habéis visto quién soy, ahora ya no puedo dejaros marchar cuando se hayan celebrado las elecciones, tal como había prometido que haría. Tendré que reteneros hasta que se me ocurra algún plan. Tengo jaqueca, así que os pediré que no se os ocurra complicarme más las cosas y a cambio prometo que no seré demasiado duro con vosotras.

Nicole cayó de rodillas ante Bob Crook y empezó a suplicarle.

—Es inútil, Nicole —dijo Annie—. Es un criminal y no tiene corazón. Tus lloros no lo conmoverán.

Annie intentó razonar con el reportero, pero no hubo manera. Se estrujó los sesos en un desesperado intento de encontrar alguna solución. Decidió que si veía que Bob Crook extendía la mano hacia la pistola, se abalanzaría sobre él y le gritaría a Nicole que intentara huir. Al menos una de ellas quizá conseguiría salir con vida de allí.

Mientras tanto, Lori-Beth había salido de la autopista e iba por las calles secundarias hasta que llegó a un camino sin asfaltar, por el que entró. Avery esperó hasta que Lori-Beth se hubo alejado lo suficiente y volvió a ir tras ella. Pudo ver una casa a lo lejos. Volvió a echar mano a su móvil para comunicar su situación exacta a Noah y Sam. Sus hijos lo habían seguido y no estaban muy lejos.

Avery se detuvo a unos treinta metros de la casa. Esperó hasta que Lori-Beth hubo bajado de su coche y echó a andar hacia la puerta principal. Entonces bajó de su Cadillac y fue sigilosamente hacia la casa. Estaba impaciente por encontrarse cara a cara con el secuestrador de su hija, y sintió que se le aceleraba el pulso.

Dentro, Annie se aferraba a la esperanza de que la fijeza con que ella le sostenía la mirada indicaría a Bob Crook que no iba a dejarse intimidar tan fácilmente. Volvió con la memoria a la primera vez que lo había visto. De pronto, se le ocurrió que podía utilizar contra él algo referente a su persona que había sabido en aquel momento. No me extraña que aquí todo sea blanco, pensó.

Annie respiró hondo y cargó sobre el secuestrador.

Bob Crook saltó de su asiento. Annie fue hacia la mesa mientras él extendía la mano hacia la pistola. Llegó demasiado tarde, porque Bob Crook ya se había hecho con el arma y se disponía a empuñarla. Annie chocó con la mesa, desordenando su contenido. Bob Crook le apuntó a la cabeza con la pistola y le ordenó que se incorporase y retrocediera. Mientras lo hacía, Annie se apoyó en la mesa para no perder el equilibrio y reordenó rápidamente los objetos restantes. Luego él le ordenó que se quedara de pie ante la pared.

Bob Crook tomó asiento, se llevó las manos a la cabeza y empezó a mecerse hacia adelante y hacia atrás.

—¡La cabeza me va a estallar! —gimió.

Echó mano de una de las pastillas que había en el lado derecho de la mesa y la engulló, seguida por un vaso de agua. Luego se levantó y se puso a pasear por la habitación, esperando a que se le calmara el dolor.

—¿Qué vamos a hacer? —le susurró Nicole a Annie—. ¡Nos matará!

—No nos matará —replicó Annie, también en un susurro—. Ya verás como enseguida estaremos a salvo.

¿Por qué pensaba eso Annie?

solución

Lori-Beth entró por la puerta principal, con Avery siguiéndola a un par de metros de distancia. Cuando entraba en la casa, Lori-Beth oyó el sonido de los pasos de Avery. Chilló y trató de cerrar la puerta. Con un súbito despliegue de energía, Avery agarró la puerta con ambas manos e impidió que la secretaria mascadora de chicle pudiera salirse con la suya. Miró a su alrededor y, viendo la luz y oyendo las voces procedentes de la habitación contigua, corrió hacia ella.

Crook se tambaleaba y daba traspiés, pero aún era capaz de mantener el equilibrio.

—No me encuentro muy bien. ¿Qué me está pasando?

Entonces se le doblaron las rodillas y se bamboleó.

—¿De qué color era la pastilla que me he tomado? ¿Era verde?

Annie sonrió y dijo:

—Pues si quiere que le sea sincera, me parece que era roja.

—Oh, no —masculló Crook.

Annie lo miró burlonamente.

—Lo siento, Chollie.

Avery entró en la habitación, vio a Bob Crook y corrió hacia él. Primero apretó el puño y luego echó el brazo hacia atrás. Invirtiendo todas sus fuerzas en el golpe que iba a asestar, hizo que el puño saliera disparado hacia el rostro de Crook. En el preciso instante en que Crook perdía el equilibrio e iniciaba su descenso hacia el suelo, el puño de Avery hizo impacto en su nariz. Crook se estrelló contra el suelo con un golpe sordo.

—¡Todavía tengo una buena pegada! —proclamó Avery con orgullo mientras corría hacia Annie para cerciorarse de que no le había ocurrido nada.

Poco después, pudieron oír un ruido de coches que se detenían ante la puerta principal. En un abrir y cerrar de ojos, la casa se llenó de policías. Noah y Sam entraron corriendo, seguidos por el gobernador Stewart. Cuando Nicole vio a su padre, se echó a llorar y se le lanzó a los brazos.

Al día siguiente, los periódicos, la televisión y la radio se hicieron eco de cómo Avery Body había puesto fin, sin la ayuda de nadie, a las actividades delictivas de una banda de secuestradores, salvando así a su propia hija y a la del gobernador. De la noche a la mañana, Avery se convirtió en la mayor sensación que había conocido Wellington desde que Morey Amsterdam rodó un especial televisivo allí treinta años antes.

Cuando Annie leyó la versión de lo sucedido que daban los periódicos, sonrió para sí. Estaba dispuesta a permitir que su padre se atribuyera todo el mérito de haber dejado sin sentido a Bob Crook, cuando, de hecho, había sido ella la que se encargó de dejarlo fuera de combate.

Annie se había acordado de que Bob Crook padecía ceguera a

los colores, por lo que no podía distinguir sus pastillas verdes para el dolor de cabeza de sus pastillas rojas para dormir. Cuando se abalanzó sobre él, no pretendía hacerse con su pistola; su intención era simplemente cambiar de sitio las pastillas que había en la mesa. Unos instantes después de que Crook tomara la pastilla equivocada, ya estaba fuera de combate.

Acerca de este punto, los ciudadanos de Wellington respetuosos de la ley enseguida acordaron por consenso general que Avery Body era un auténtico héroe. El alcalde Ever, en una de las últimas decisiones gubernativas de su mandato, declaró que el día anterior a la jornada electoral siempre sería conocido como «El Día de Avery Body». El concejo municipal celebró una sesion de emergencia y proclamó que la Calle Mayor pasaría a llamarse Avenida Avery Body.

Martes

Las elecciones

Wellington era una pequeña ciudad cuya población no llegaba a los 15.000 habitantes. El número de votos registrados ascendió a 8.532. Cada jornada electoral, cuatro cabinas de votación eran llevadas sobre unas plataformas de ruedas al interior del gimnasio de la Escuela Elemental Louise Graham (a la que se había puesto ese nombre en honor a la primera maestra que tuvo Wellington, hacía ya 148 años). Lo habitual era que el proceso discurriese de manera muy ordenada durante todo el día, con los votantes entrando y saliendo de la escuela desde las 7 de la mañana hasta las 8 de la noche. Aquel año, sin embargo, el mecanismo electoral no funcionó con la fluidez habitual. En lugar de ir votando esporádicamente a lo largo del día, todos los residentes que querían ejercer su derecho al voto convergieron a la vez sobre la escuela, a primera hora de la mañana. Parecía como si Wellington entero estuviera allí.

Al otro lado de la calle dos damas muy elegantes, la señora Doila Valvington y la señora Suzy-Jean Silverspoon, contemplaron aquel hervidero de actividad desde el Sophie's Diner. Como no residían en Wellington, no podían votar. Por eso se limitaron a ir tomando sorbos de sus exquisitos cafés mientras miraban a través de la cristalera.

Ambas damas habían hecho un auténtico despliegue de elegancia. El sombrero de la señora Valvington pesaba tanto que los músculos de su cuello tenían que esforzarse al máximo para mantenerlo elevado. Estaba adornado con joyas, flores, broches, pequeños retratos de la monarquía inglesa desde 1066 hasta el presente, un pagaré firmado por una de sus mejores amigas, una carta nunca abierta de su primer esposo (quien era nada menos que mayor en el Ejército de Salvación), un apóstrofe de platino que mediría sus buenos quince centímetros y, naturalmente, frutas.

La señora Silverspoon no había querido quedarse atrás, y su sombrero era igual de ostentoso. Aparte de todos los adornos que podías encontrar en el sombrero de la señora Valvington (joyas, flores, broches, retratos de la monarquía inglesa desde 1066 hasta el presente, un pagaré firmado por una de las mejores amigas de la señora Valvington, una carta nunca abierta del primer esposo de la señora Valvington, un apóstrofe de platino que mediría sus buenos quince centímetros, y frutas), el suyo lucía un amplio surtido de hortalizas y una estatuilla que representaba a un analista financiero.

Las dos damas disfrutaban de una excelente perspectiva del otro lado de la calle. Vieron a Avery de pie ante la escuela elemental, charlando con el gobernador Stewart. Zee Dotes se mantenía lo más pegado posible al gobernador, probablemente con la esperanza de llegar a tenerlo como cliente en las próximas elecciones. Annie y Nicole esperaban junto a la entrada mientras Noah y Sam flirteaban con Felicia Renz en el parking, compitiendo en encanto con la esperanza de ganarse su atención.

111

Una larga cola de ciudadanos esperaba para votar y Molly Peltin, la estilista capilar de la barbería Don Gato, ocupaba uno de los primeros puestos en la cola. Después de muchas cavilaciones, había decidido votar por su jefe, a pesar de que el alcalde le pagaba para que lo espiara. Hacia el centro de la cola veías a los falsos detectives Stanley y Eco, este último dando bocados a un pegajoso pedazo de gorgonzola que ya había empezado a derretirse. Detrás de ellos, hacía cola la gente fina de la ciudad encabezada por su reina, Kathy Dwyer.

Dentro de la escuela, Carrie Renz y el señor Pock se encargaban de supervisar el desarrollo del proceso electoral. La conmoción se intensificaba, la excitación iba creciendo. El nerviosismo general estaba llegando a su apogeo cuando una limusina se detuvo ante la escuela. La multitud se quedó callada mientras esperaba ver a los pasajeros. El chófer bajó para abrir la puerta del asiento trasero. Un instante después, el alcalde Ever salió de la limusina luciendo un frac amarillo y un sombrero de copa. Saliendo de la limusina detrás de él apareció su rival, Quentin Milestone, también con frac amarillo y sombrero de copa. Un coro de exclamaciones y jadeos de sorpresa brotó de la multitud cuando los dos hombres fueron hacia la escuela.

La multitud se apresuró a abrir paso a los dos distinguidos caballeros cuando estos se pusieron en movimiento sin darse ninguna prisa. El alcalde le abrió la puerta a su oponente y se hizo a un lado para dejarlo pasar. Quentin se lo agradeció llevándose la mano al sombrero de copa y procedió a entrar en la escuela. El alcalde lo siguió.

Verlos así dejó muy complacido a Avery. Fue con ellos hacia las cabinas de votación para mostrar que apoyaba a su viejo amigo Hugh, y dejar bien claro que aprobaba aquella nueva cordialidad entre los candidatos. Los ciudadanos de Wellington permitieron encantados que los candidatos se pusieran al principio de la cola, y el nuevo estatus de héroe alcanzado por Avery le ganó el mismo privilegio.

La ciudadanía contempló al alcalde y a su retador sumida en un respetuoso silencio mientras éstos iban hacia las cabinas de votación. Qué agradable era ver a los dos viejos rivales caminando amistosamente el uno al lado del otro en aquel día tan climático. Tanto el alcalde como Quentin sonreían y saludaban a sus conocidos, estrechando manos e intercambiando palabras de saludo. Los finolis fueron los únicos que le hicieron el vacío al alcalde Ever mientras pasaba junto a ellos, ya que no le habían perdonado del todo aquel supuesto insulto.

El falso detective Stanley le dio una palmadita en el hombro a Quentin y el falso detective Eco le ofreció un trozo de queso. No queriendo ser descortés, Quentin lo aceptó. La multitud sonrió con deleite al ver cómo Quentin extendía la mano para recibir un trozo del pegajoso gorgonzola de Eco. El alcalde Ever también extendió la mano, pero el falso detective Eco no parecía estar muy dispuesto a renunciar a otra porción. Finalmente se resignó y dejó que el alcalde se hiciera con un trocito. Los candidatos comieron el queso medio derretido y miraron a su alrededor en busca de servilletas. No pudieron encontrar ninguna.

Mientras cruzaban el gimnasio, el alcalde Ever se llevó la mano al sombrero para saludar a su enamorada, Carrie Renz, la supervisora de la junta electoral. Ésta le sonrió pero dirigió un fruncimiento de ceño a Quentin, al haber descubierto que éste había estado saliendo en secreto con su hija. Hugh y Quentin fueron hacia las cabinas de votación y se volvieron hacia la multitud. La ciudadanía no paró de susurrar hasta que Quentin levantó los brazos para acallarla. Unos instantes después, la sala volvió a quedar en silencio.

El alcalde dio un paso adelante y se aclaró la garganta. Paseando la mirada por los rostros extasiados de la multitud, dijo:

—Ciudadanos de Wellington, nos gustaría agradeceros vuestra presencia aquí en el día de hoy para ejercer el derecho a votar. La campaña para la alcaldía ha sido realmente infortunada, y se ha caracterizado por el escándalo, la animosidad y la negatividad. Ésa es la razón por la que hoy hemos venido aquí juntos. Mi oponente, Quentin Milestone, y yo hemos decidido que, gane quien gane, el otro le prestará su apoyo. Nuestro objetivo es hacer que esta ciudad llegue a dar lo mejor de sí misma. El anuncio fue seguido por un murmullo y unos cuantos aplausos esporádicos. En cuestión de segundos, los primeros y tímidos aplausos crecieron para resonar por todo el gimnasio y no tardaron en alcanzar un ruidoso crescendo. Fue entonces cuando Quentin dio un paso adelante y levantó los brazos de nuevo. Cuando volvió a haber silencio, se dirigió a la multitud:

—Como ha dicho mi estimado oponente, hemos venido aquí juntos para mostrar solidaridad en el mutuo propósito de prestar todo el apoyo posible a nuestra querida Wellington, y para que todos sepan que hemos olvidado nuestras insignificantes diferencias. Para dejarlo bien claro, ahora entraré en la cabina de votación para depositar mi voto por mi nuevo amigo, mi oponente Hugh Ever.

Luego el alcalde se puso a su lado y dijo:

—Y yo entraré en la siguiente cabina de votación y, del mismo modo, accionaré la palanca para mi nuevo amigo, Quentin Milestone.

La multitud volvió a prorrumpir en aplausos. Ni una sola vez desde hacía ya casi treinta años, cuando Morey Amsterdam fue expulsado de Wellington por haber infringido las ordenanzas municipales escupiendo en la calle, se le había presentado la ocasión de unirse en defensa de la misma causa. Hubo vítores y aclamaciones mientras continuaba el aplauso.

Tanto Hugh Ever como Quentin Milestone entraron en las cabinas de votación y corrieron las cortinas. Unos segundos después, la luz de la cabina de votación del alcalde se apagó y éste descorrió la cortina y salió de ella. Casi inmediatamente, la luz de la cabina de Quentin se apagó y lo vieron salir de ella. Mientras la multitud vitoreaba y aplaudía, Avery entró en la cabina más próxima, la que acababa de ser utilizada por el alcalde para emitir su voto. Cuando salió de ella, fue hacia la que acababa de utilizar Quentin y miró dentro.

Los aplausos ya habían empezado a cesar, y el alcalde se dirigió a la multitud.

—Como alcalde de esta magnífica ciudad durante los últimos ocho años, he tenido el placer y el honor de serviros. Han sido los ocho años más felices de mi vida. ¡Gracias, Wellington!

Los aplausos volvieron a llenar el gimnasio. Radiante con el júbilo del momento, el alcalde Ever se volvió hacia Avery y dijo:

—¿Ves, Avery? Al final todo ha salido bien. Y debes saber que no he sentido absolutamente ninguna reserva a la hora de votar por mi oponente.

—¿Oh, no? —observó Avery—. Bueno, tal vez sea porque no has votado por él. Te has votado a ti mismo.

—¡¿Que él qué?! —gritó Quentin con incredulidad—. Volvemos a las andadas, ¿eh? ¡Ya sabía yo que nunca debería haber confiado en ti!

—Yo no hablaría si fuera tú, Quentin —dijo Avery—. Tú también te has votado a ti mismo.

¿Por qué pensaba eso Avery?

solución

—¡Cómo te atreves a acusarme de algo semejante! —protestó Quentin. Hugh se unió a la queja.

—No olviden, caballeros —dijo Avery—, que yo voté inmediatamente después de que lo hubieran hecho ustedes, y utilicé la misma cabina que tú, Hugh. También eché una mirada dentro de la cabina de votación que utilizaste, Quentin.

—¿Y? —dijo Hugh—. Los votos son borrados automáticamente en cuanto se abre la cortina. No puedes haber visto por quién votamos.

—Bueno, los votos pueden haber sido borrados —respondió Avery—, pero las palancas se quedan tal cual. Vi un poco de queso en la palanca para Hugh Ever de tu cabina, Hugh, y encontré restos de ese mismo queso pegajoso en la palanca para Quentin Milestone de la cabina que utilizó Quentin.

Epílogo

Una semana después

Avery estaba en su despacho, repantigado en su asiento con los pies encima del escritorio. Hablaba por teléfono con su viejo amigo Mack Gray, con el que siempre había mantenido una excelente relación desde la universidad. Avery le estaba hablando de las elecciones.

—Después de que yo los hubiera pillado mintiendo en eso de que se habían votado el uno al otro, se pusieron a gritarse el uno al otro. En menos de quince segundos pasaron de ser los mejores amigos del mundo a volver a ser enemigos jurados.

—¿Tan grave fue la cosa? —preguntó Mack.

—Fue bastante grave, sí —dijo Avery—. Cuando supieron que cada uno había votado por sí mismo, intentaron volver a entrar en la misma cabina para votar otra vez. Estuvieron forcejeando como animales hasta que la cabina se volcó y cayó al suelo.

—¿Quién ganó? —preguntó Mack.

—Fue un auténtico desastre —dijo Avery—. Al final resultó que había habido un empate casi perfecto. Quentin Milestone quedó en primer lugar por sólo 180 votos de diferencia. Bueno, Hugh no iba a permitir que las cosas se quedaran así sin plantarle cara, por lo que exigió un recuento. Cuando recuperó 209 votos, Quentin exigió un recuento del recuento. Entonces surgieron todavía más dudas porque se dijo que Hugh y la supervisora de la junta electoral habían manipulado las elecciones, y que Quentin y la hija de la supervisora también habían jugado sucio. Los candidatos empezaron a decir que muchas de las personas que habían votado vivían fuera de la ciudad, no sabían leer o habían vendido su voto. Luego hubo todavía más confusión cuando algunos votantes aseguraron haber votado accidentalmente por Morey Amsterdam. Finalmente, el gobernador Stewart se vio obligado a intervenir para encontrarle alguna solución al problema.

—¿Qué hizo? —preguntó Mack.

—Eligió a alguien de la ciudad para que ejerciera las funciones de alcalde interino, hasta que podamos celebrar unas nuevas elecciones el próximo mes.

—¿A quién eligió? —preguntó Mack.

—No sé por qué lo haría, pero el caso es que eligió a Zee Dotes, su encargado de relaciones públicas —dijo Avery—. Nadie se lo explica.

Mack se echó a reír.

—¿Vuestro alcalde interino es un experto en relaciones públicas? Estarás de broma, ¿verdad?

—No. ¿Por qué iba a bromear con eso? —preguntó Avery—. ¿Lo conoces?

—Oh, no lo conozco —dijo Mack, que no podía parar de reír—. Es sólo que me encantaría que el tal Zee Dotes se presentara a las nuevas elecciones y consiguiera ganarlas aplicando sus trucos de mago de las relaciones públicas.

Avery tuvo que admitir que sería realmente gracioso. Luego compartió una ruidosa carcajada con su viejo amigo mientras abría su humidificador de plata y seleccionaba un buen puro.

☞ • • • • Mientras tanto, Keith Stewart estaba solo en su estudio en la mansión del gobernador. Había cerrado la puerta con llave para asegurarse de que nadie podría ver cómo metía la mano debajo de su escritorio y sacaba una bolsa de tela azul. Abrió la bolsa y fue extrayendo con mucho cuidado lo que contenía. Después se repantigó en su asiento para examinar sus nuevas posesiones.

—Es que no me lo puedo creer —musitó—. ¡Una auténtica Declaración de Independencia escrita a máquina! ¡Seré la envidia de todos en la próxima convención de gobernadores!

☞ • • • • Y así termina la saga de la carrera por la alcaldía de Wellington. El alcalde interino Zee Dotes se las ingenió para seguir ocupando el cargo gracias a sus trucos habituales de hablar a cien por hora y organizar campañas engañosas. Quentin Milestone volvió a su barbería y Hugh Ever se buscó un empleo sirviendo bocadillos en Kelly's Deli. Ambos se armaron de paciencia y siguieron afeitando caras y untando el pan con mantequilla, respectivamente, mientras contaban los días que faltaban para las próximas elecciones, que sólo tardarían cuatro cortos años en llegar.

DESVELA EL MISTERIO

Títulos publicados